U0695203

大学校园文化建设管理研究

杨伟萍 ◎ 著

吉林文史出版社

图书在版编目（CIP）数据

大学校园文化建设管理研究 / 杨伟萍著. － 长春 ：
吉林文史出版社，2023.11
ISBN 978-7-5472-9972-2

Ⅰ．①大… Ⅱ．①杨… Ⅲ．①高等学校－校园文化－
建设－研究－中国 Ⅳ．①G640-05

中国国家版本馆CIP数据核字(2023)第206485号

DAXUE XIAOYUAN WENHUA JIANSHE GUANLI YANJIU

大学校园文化建设管理研究

著　　者 / 杨伟萍

责任编辑 / 张焱乔

出版发行 / 吉林文史出版社

地址邮编 / 吉林省长春市福祉大路5788号 （130117）

邮购电话 / 0431-81629359 81629374

印　　刷 / 廊坊市广阳区九洲印刷厂

开　　本 / 787mm×1092mm　1/16

字　　数 / 220千字

印　　张 / 11

版　　次 / 2023年11月第1版

印　　次 / 2023年11月第1次印刷

书　　号 / ISBN 978-7-5472-9972-2

定　　价 / 78.00元

前　言

　　文化是一种无形的力量，能够挖掘人们的潜在动力，改变人们的思想和行为。当今时代，文化越来越重要，其作用越来越突出，其影响越来越深刻。校园文化是以学校为载体，通过历届师生的传承发扬、创造创新，为高校所积累的物质成果和精神成果的总和，它在不断的更新过程中潜移默化地影响着青年大学生的世界观、价值观、人生观和人格素质。物质文化、精神文化、制度文化三者相辅相成，全面协调发展，发挥着德育、美育和精神凝聚的功用。校园文化建设与高校个体文化自觉有着鲜明的互动关系，学生自觉发挥主体力量，内化校园精神，提升个体文化自觉，推动构建良好的校园文化生态。作为高校的精髓和灵魂，校园文化直接影响着大学生思想道德品质的确立，决定着大学生能否健康成长。

　　在现代教育的发展中，校园文化的作用日益突出。随着以人为本教育理念的确立和素质教育的全面实施，学校管理也逐步由制度管理过渡到文化管理的新层面。校园文化是影响学校行事规则的最重要的无形财富，是现代学校最具战略性的管理思想和管理方法，也是直接影响学校核心竞争力、决定学校兴衰成败的关键因素。

　　近年来，许多高校都投入了较多的人力和物力创建自己的校园文化，并取得了不少成果。但是，随着新时代发展要求、师生需要以及社会期待的提高，校园文化建设面临着一些新问题。因此，大学校园文化建设管理依然是项重要而急迫的工作。

目　录

第一章 大学校园文化基本概述

文化是一种历史现象。每一段社会历史都会出现与之相适应的文化现象。这种现象随着生产力的发展而发展，所以它本身又具有连续性和阶段性，与此同时它独有的地域性、民族性和社会差异性等特征也十分明显。人们将校园文化总结为在学校教育基础上产生的一切文化现象，而大学校园文化则是在高校这一特定环境中，全体师生共同创造与拥有的价值观念和文化体系。在这一章节里我们将探究高校校园文化在其自身演变过程中所反映的本质，进一步寻求当代大学校园文化所具有的中国文化传统内涵。

第一节 大学校园文化发展概述

现代高校泛指对公民进行高等教育的学校，指按照国家规定的设置标准和审批程序批准举办的，通过普通、成人高等学校招生全国统一考试招收普通高中毕业生，实施高等教育的全日制高校、独立学院和职业技术学院、高等专科学校、广播电视高校、职工高校、业余高校、职工医学院、管理干部学院、教育学院、普通高校的成人（继续）教育学院等。

纵观中国高等教育现代化的历史，其发展模式的转换大致可分为四个时期。甲午战争以前，中国近代高等教育处于酝酿时期。从 19 世纪 60 年代开始，出现了一批培养外语人才和军事技术人才的专门学校。它们不同于传统的封建教育机构，不是培养作为各级封建官吏的"治才"，而是培养通晓各国语言和技术（特别是军事技术）的所谓"艺才"。最典型的代表是 1862 年成立的京师同文馆和 1866 年创办的福建船政学堂。至1894年前后，共创办了30所左右的此类学堂。这些学堂毫无例外地都是在外来因素的诱发下创办的。所谓外来因素的诱发，包含两层意思：第一层意思是，它们是清政府在外力胁迫下应急反应的产物，是为了培养应对西方侵略者所急需的人才而开办的；第二层意思是，这些学堂都标榜以西方为榜样，然而，在具体的学习目标上，却并不明确，笼而统之地把西方称为"泰西"。从前人留下的大量文献中可分析，所谓"泰西"，包括了英、法、德、美等国。可见，在当时人们的心目中，"西方"只是一种泛称，学堂教育还没有具体而明确的模仿对象。

19世纪末20世纪初，是中国近代高等教育发展的重要时期。于1895年、1896年、1897年和1898年分别成立的天津中西学堂、上海南洋公学、浙江求是书院和京师大学堂被认为是中国近代高校的雏形。20世纪初，清政府颁布了第一部包括高等教育在内的具有近代意义的全国性学制——《癸卯学制》。直到辛亥革命前的十多年时间里，中国高等教育的发展，无论是理论层面、制度层面还是实践层面，都弥漫着"以日为师"的氛围。1898年创办的京师大学堂的第一份章程就是由梁启超"略取日本学规，参以本国情形草定规则八十余条"，即主要是参照日本东京高校的规程制定的。《癸卯学制》中有关高等教育的条文也几乎与日本学制中的相关规定一致。与前一个时期相比，此时学习的目标由泛化转为集中，"泰西"一词被一个具体的国家——日本取代，价值取向明确而单一。

1912年的辛亥革命推翻了清王朝，结束了两千多年的封建帝制，为中国近代高等教育的发展提供了一个相对宽松的环境。1912年至1927年的十几年间，可以说是中国高等教育发展模式的多元化时期。民国初年在蔡元培主持下进行的教育改革所形成的新学制《壬子癸丑学制》，对清末颁布的《癸卯学制》中有关高等教育的内容做了相应的改革。其间，教育部还陆续公布了《高校令》《高校规程》《专门学校令》《公立、私立专门学校规程》和《高等师范学校规程》等一系列有关高等教育的法规法令。

在第四个时期（1927年至1949年），中国高等教育发展模式的主旋律是，在融合美国和欧洲各国特点的过程中，以美国模式为基本走向。从对地方分数制的教育体制的模仿，到大学实行选科制、学分制，以至大学各专业缺乏明确的课程标准等都是受美国高等教育的影响。而高中毕业生实行会考制度，教育部制定并实行有关大学教师任职资格的法令，强调大学毕业考试制度等模式，可以说都吸取了欧洲各国高等教育的具体经验。但是，这一时期从总体上讲是以美国模式为基本走向。

高等教育作为人类所创造的知识文化的重要传播形式，作为高级专门人才的培养形式，有其自身发展的内在规律。高等教育的发展，既要受当时处于不同经济发展阶段、不同政治文化背景的各个国家和地区的具体国情的制约，也要受高等教育本身发展规律的制约。从一定意义上可以说，中国高等教育发展模式的转换就是在认识和正确处理这一对矛盾的过程中艰难推进的。

大学校园文化是伴随高校教育而产生的一种文化现象。在20世纪20年代，"校园文化"这一概念被提出，并在20世纪50年代得到快速发展，在20世纪80年代的中后期以一种独立的文化形态跻身于社会文化之林。但从大学校园文化的起源来说，在我国可以追溯到上古时代。校园文化的起源与教育的起源紧密相连。没有学校式的教育，校园文化也就无从谈起。

一、中国古代校园文化萌芽期

翻阅典籍，可以发现，早在原始公社后期，我国就有了学校的萌芽思想，秦汉以后文教政策进一步得到确立，直到清末建立新式学堂开始向近代教育制度过渡：这些构成了古代学校产生发展的全过程，同时校园文化也伴随产生。"三皇五帝"时代有了中国的第一所高校，名为"成均"，距今已近五千年的历史。在《礼记·王制》中有这样的记载："有虞氏养国老于上庠，养庶老于下庠。"其注为：上庠，高校，在西郊；下庠，小学，在国中王宫之东。《礼记·文王世子》曰："以其序，谓之郊人，远之于成均。"朱熹在《高校》注文中说："高校者，大人之学也。""大人"之意有二：一谓有权势的人，一谓长大成熟的人。虽然在上面的文典中提到了"高校""小学"此类名称，但是我们仍然无法准确地推测出当时是否已经产生有实质意义的高校教育规模和体系。西周时期，出现了具有高等教育功能的学校。在西周时期，天子设"国学"，内分五学，辟雍居中，又称"太学"；其周为四学，所学专业，各学分明。水南叫"成均"，取五帝之学名，传习乐德、乐语、乐舞等内容；水北叫"上庠"，取虞学之名，传习典书、诏书等内容；水东叫"东胶"，取夏学之名，传习干戈、羽龠等内容；水西叫"西雍"，取殷学之名，也叫"瞽宗"，传习礼仪等内容。很显然，这种专业的教育，能造就各种有不同特长的人才，以供管理天下所用。从西周高校的教育管理制度和最终培养目的上，也可以看出它与初级教育的区别。《礼记·学记》中记载，入太学者，必须是塾、庠、序中逐级升入的"俊选之士"和贵族子弟，入学之后，"中年（隔年）考校：一年视离经辨志；三年视敬业乐群；五年视博习亲师；七年视论学取友，谓之小成；九年知类通达，强立而不反，谓之大成"（《礼记·学记》）。其最终目的是培养治理民众的官员。由于采取考试的优选制度和优秀人才可以仕进得官，西周的教育管理方式从很大意义上刺激了高校生的学习积极性。这与现代高校教育制度在许多方面有相似之处。

西汉时期，一度沉寂的学校文化重新发展起来。儒学成为中国封建统治的学术正统。汉武帝创立了以传授知识和研究儒学为主要内容的最高学府——太学，它曾在东汉末年政治斗争中发挥了积极的作用。到隋唐时期，社会发展水平达到一定高度，国家统一，经济较为繁荣。当时实行以儒学为主干，以佛教和道教为支干的政策。这一政策使得不同形态的文化得到更加充分的交流和前所未有的发展空间。新制度让出身低微的寒门学子也有机会凭自己的努力成为封建官僚的一员。开放的国策使得学校文化进一步开放化。明清时期，政治、经济、文化均有较大发展。此时，官学课程和教学内容以朱熹注四书五经为教材，科举考试以"八股文"为专门文体。学校成了科举的附属品，文化氛围开始沉闷、衰落。

二、近代大学校园文化建设特点

近代中国社会逐步从半殖民地半封建社会脱离。尤其是甲午战争之后，康有为、梁启超等先进的资产阶级代表人物纷纷提倡并兴办学校，这些改良派为中国的广大师生提供了新的思想交流场所，将社会新思潮推向了前沿阵地。在戊戌变法失败后，广大师生在校园内组织了反帝反封建运动，他们一次又一次地走上街头，迫使政府废除了落后的科举制度，建立了新学制，进而推进了整个社会的又一次大前进。

以孙中山为代表的具有新思想的知识分子，看到了专制统治者勾结帝国主义列强严重阻碍着中国社会进步的事实，尖锐批评了"昏昏沉沉而不醒"的"奴隶根性"的精神状态。孙中山认识到了"国之兴废存亡若与之莫不相属"，就必然落后挨打的道理。

中国传统文化有"轻生尚气"的侠士之风，而在近代，随着内忧外患接踵而至，社会发生巨大变迁，那种侠士之风终于升华为一种献身祖国的时代责任感。从戊戌维新到辛亥革命，无数英雄向往正义之实现，决心以生命唤起更多人的觉悟，其精神千古不朽。在校师生更是从他们身上感悟到了那种英雄气概，继承了他们那种为了追求真理、救国救民而献出自己年轻生命的精神。

在辛亥革命后，近现代的高校文化得到快速发展，新政府不但制定了新的法令条款，还颁布了《普通教育暂行办法》这一改造封建教育的法令。这些新规定以"注重道德教育，以实利主义教育、军国民教育辅之，更以美感教育完成其道德"为宗旨。整体校园文化形成了提倡新道德、反对旧道德，提倡新文学、反对旧文学的资产阶级思想启蒙运动——新文化运动，并在中国各主要大城市的高校校园内展开。校园文化是在一定历史条件下，学校为谋求生存和发展，达到既定的教育目标而在长期的教与学、工作与生活等多方面实践中逐步形成和发展起来的，并为广大教师和高校学生所认同的一种群体意识，它既包括高校的学风、校风，学生的思想、意识、观念、习惯及情感，又包括与高校校园和高校学生生活密切相关的各种价值观念、社会心理、审美情趣、思维模式、行为方式，等等。此时的大学校园文化作为一种高层次的文化，是培育高校学生的催化剂，对高校的学风、校风建设和高校生的思想具有较强的凝聚和导向功能。

新中国的成立，揭开了中国大学校园文化全新、独立发展的序幕。60 年来，我国大学校园文化的发展经历了成就与曲折并存的过程。在新中国成立初期和社会主义建设十年时期，大学校园文化出现了崭新气象。各高校确立了马克思主义政治理论课在学校德育中的地位。大学校园文化不仅成为配合党的中心工作进行宣传教育和思想政治工作的主要途径，而且成为高校工作和师生员工精神文化生活的重要组成部分。各高校组织广大师生积极参加各项社会活动，并逐步实行教学、生产、科研相结合。在生产劳动的实践中，广大师生不仅增强了专业知识的实践能力，提高了思想觉悟，而且创造了大量鲜活的文艺作品，使大学校园文化呈现出历史上从来不曾有过的新气象。

三、改革开放后高校文化建设历史变迁

1981 年，北京高校学子喊出了"团结起来、振兴中华"的口号，表达了当代青年赤诚爱国、血性报国的共同心声，这一呐喊成为高校校园的主旋律。高校校园兴起了以"读书热""文学热"和"哲学热"等为代表的"文化热"，形成校园文学的创作热潮。从 1997 年开始，以"三下乡"社会实践活动为标志，高校生的校园文化活动开始走出校园，服务社会，这些活动扩大了学生的视野，增强了他们服务社会的意识，成为大学校园文化中的光彩一笔。但是，在改革开放和市场经济的浪潮下，有些同学产生了"拜金主义"思想，被动学习，激情消退，有的高校生甚至出现了思想迷茫的现象，在这种不良风气的影响下，部分校园文化的建设出现下滑现象。

高校作为社会文化传承的纽带，在改革开放中不可避免地受到社会整体文化发展的影响，从而产生深刻的变迁。因此，大学校园文化的变迁是以社会发展脉络为主要线索和逻辑依据的，且校园文化与改革开放的历史进程是契合的。

基于改革开放的阶段性发展，大学校园文化的核心精神也随着改革开放的进程而呈现出阶段性的变迁轨迹。这种变迁表现为从宏观到微观、从理想到现实、从单一到整合、从严格到宽容、从外倾到内倾的发展趋势，并始终沿着正弦曲线的波动

变迁。这种变迁不仅直接折射和反映了社会变革的发展轨迹，而且将社会变革的全部内涵凝结成文化变迁的主题。

（一）大学校园文化的变迁对改革开放的时代反应

从 20 世纪 70 年代末开始，我国进入了以改革开放为鲜明特征的社会发展阶段。在从传统社会向现代社会转型的过程中，社会变革以前所未有的广泛性和深刻性震撼着社会政治、经济和文化观念的领域，表现为深度的系统变革。追随着社会改革的历史进程，大学校园文化将改革开放的主题内容和历史进步的时代烙印深深地熔铸在变迁发展之中。

首先，在社会结构日益复杂的环境中，大学校园文化由单一型向兼容型变迁。在改革开放的过程中，基于社会利益结构和社会阶层日趋多样化的基本特征，大学校园文化的构成也呈现出丰富而多样的变迁趋势，主要表现为校园文化的结构趋向于开放式、内容趋向于多元化、功能趋向于综合化。由于高校与社会环境时刻进行着物质、信息交换，社会政治、文化、经济的每一微小变革很快就会在校园内引起相应的躁动，导致校园文化体系日新月异。因此，大学校园文化总是以最为快捷的方式感知和触摸到社会进步的脉搏，并不断引领社会前沿的观念、汇集社会时尚的热点，从而成为社会文化不可或缺的重要部分。改革开放以来，随着社会开放程度的加深，高校校园的开放性也不断得到加强。随着社会文化的多样化发展，高校校园以开放的姿态将各类文化包容并蓄，使大学校园文化系统成为一个复杂的构成体，其中既有高雅文化、精英文化、理性文化，也有流行文化、大众文化、感性文化；既有各类外域文化、外国文化，也有本土文化、本族文化。

其次，在日益开放的社会背景下，大学校园文化由封闭型向开放型变迁。改革开放以来，随着社会经济和政治改革的深入拓展，社会文化领域的百家争鸣和经济领域的自由竞争不断促进文化观念的嬗变。伴随社会文化的开放性发展，高校校园生活也日益打破自成一体的封闭模式。市场经济机制使高墙封围的校园文化不可能继续维系，纷繁复杂的社会现象通过各种渠道体现在校园文化的诸多元素中。与其他亚文化相比，大学校园文化具有思想敏锐、观念开放、接受新事物快、批判意识强、较少保守的特色，并对社会的风云变幻十分敏感。在开放的环境中，各类文化观念纷纷涌入高校，影映着社会经济发展和政治改革的合理内核，并在各类知识和文化的策源地（高校）衍生出富含时代特色的文化价值观念。伴随改革开放的进程，循着社会经济、政治和文化发展的轨迹，高校校园在开放的社会环境中汲取着改革的精神价值和时代养分，日益呈现出开放、透明和民主的文化气息，校园内日益凸显对个性发展、平等意识和权利观念的尊重。开放的校园文化在核心精神的追求上逐渐体现出普遍主义，尊重社会事实的真实性，注重社会规则的公平性，并热心和关注公益事业，具有更自觉的环保意识。在开放的校园中，校园文化表现出对社会各类生活方式和价值观念的包容和认同，使校园呈现出与社会潮流高度一致的休闲态度和广泛的兴趣爱好，如街舞表演、网络流行歌曲、短视频等成为大学生的新宠，在大学生中传播较快。在开放的校园内，师生们愈来愈喜欢直率的情感表露，不愿扭曲个性，厌恶形式主义等。

伴随改革开放的伟大进程，高校在与社会进行观念对接和信息交换的过程中，不仅首当其冲地感知到改革开放带来的急剧变化，而且以校园热点变迁的方式来展示深刻而伟大的社会变革。纵观改革开放的历程，我国大学校园文化的核心价值观念历经了三个发展阶段，并孕育和形成了与改革开放相适应的核心价值追求，见证了大学生价值取向不断变迁的历史轨迹。

20世纪80年代初，伴随改革开放而来的是高校校园对世界、社会和人生进行的自发性的思考。传统文化中"无我"的价值取向在现实面前显得十分的尴尬，高校校园开始了对世界、人生和社会的历史反思。基于改革开放对高校校园的深刻震撼，传统义利观、生命观的困惑与现实的校园文化激烈对撞，高校校园开始了对"自我"存在的现实拷问——"潘晓热"的出现。高校校园借助西方文化思潮对人的本性探讨已经深入到了对经典性的人生价值范例的深度质疑，同时对传统文化所提倡的极端的固有价值内涵提出了异议，并对传统价值标准进行了重新审视。相对传统文化价值观念中绝对利他的价值诉求，自我价值的萌发无疑是巨大的历史进步。但是，在改革开放的时代背景下，由于高校校园在价值求解中难以排解偏激的情绪困扰，盲目仰望西方思潮华丽的外衣，忘记了脚下踏着的是古老的中国土地，在价值追寻中脱离现实和实际，暂时迷失了方向，高校校园价值取向的天平在否定"无我"的传统观念时，不可避免地向着"利己主义""自我中心"的方向倾斜。

20世纪90年代初，邓小平"南方谈话"之后，市场经济体制的渗透式影响突破高校的藩篱，以迅猛的势头冲击着计划经济体制下的高校校园，"市场热"在高校校园不断升温。在文化精神层面，高校校园以崭新的姿态全面融入市场经济体制之中，按照市场经济规律进行新的价值观念重塑。"市场"热潮迅即蔓延到了高校校园的各个方面，影响到学生的饮食起居，引导着高校学生的思想情感和心理倾向，制约着高校学生的生活方式、行为选择和核心精神，进而从外而内地深刻影响着大学校园文化的各个层面。在"市场"强力的渗透式影响下，大学校园文化的价值取向开始趋于实用性和功利性，高校学生逐步淡化对纯理论探索和学理式生活的仰慕和关怀，对未来的向往呈现出多元复杂的价值取向。

自20世纪90年代后期开始，伴随改革开放的深入发展，社会的开放性和全面发展的趋势为大学校园文化提供了更为丰富多样的发展环境。尤其是我国加入WTO以来，面对滚滚而来的全球化浪潮，高校学生渐渐认识到应该全面地看待世界，全面地认识"自我"，努力从多种角度塑造自己，以便全面实现"自我"。在市场竞争的背景下，高校校园自身核心竞争力的高低，大学生综合素质的优劣，成为人们关注的热点，"综合素质热潮"由此悄然兴起。

（二）改革开放促发了大学校园文化的变革

一场从社会主义初级阶段国情出发、自觉启动的改革过程，带动了经济、政治、文化等方面的相应变化，不仅引发了深刻的社会变迁，而且引起了大学校园文化的剧烈振荡，导致各类思想文化价值观念在冲突与磨合中进入了深刻的流变历程。

经济体制改革是大学校园文化变迁的原动力。依据历史唯物主义原理，经济是决定性的前提和条件，每个时代的经济发展状况对当时包括文化在内的一切社会现象都具有决定意义。因为，一切的社会意识形态都要依赖并受制于社会生产方式，社会生产方式决定社会生活的各个方面，生产方式对校园文化变迁的决定作用正是通过影响社会生活的各个方面实现的。追根溯源，文化的变迁是以经济的变化发展为核心的。基于经济基础决定上层建筑的内在规律，社会的变革和发展不仅加速了社会的历史进程，而且强烈地影响和改变着人们的思想行为、社会关系和社会意识，并引起了社会文化价值观念的深刻变迁。

市场经济既是一种经济形式，也是一种文化表现。文化作为一定经济条件下包括人的价值理念、生活方式和行为方式的设计，并不只是经济表面的装饰物，而是内置于经济的人文力量。所以，市场经济的建立与完善，一方面，要求实现文化的转型；另一方面，也要求建立起与新的经济形势相适应的文化背景，作为新的经济发展的根源动力。20世纪80年代以来，在经济体制改革的道路上，面对生产方式日新月异的态势，市场经济在观念层面带来了竞争意识、风险意识、公正意识、效益意识、创新意识的进步，以平等、独立、自由、竞争为核心的新型价值观在主流文化中得以确立。

对外开放是大学校园文化变迁的催化剂。30年的对外开放就是中国打开国门审视世界，不断融入全球一体化的历程。在对外开放中，有两种全球化力量深刻影响着文化的变迁：一是文化的全球化进程，二是经济的全球化进程。

文化全球化进程直接促进了大学校园文化的快速变迁。从文化全球化来讲，改革开放的历史，就是30年中国传统文化和世界文化不断交流融合的历史。可以说，文化的这一全球化进程将人类的文化视野进一步拓宽了，人类的文化活动在全球化的视角下得以重新构建；全球化使人类的文化传播和交流更加方便快捷，当代文化开始逐步变得多样性。在对外开放的过程中，国内与国外的交流日益频繁，外来文化与本土文化、现代文化与传统文化在交流和接触中进行着相互的选择和适应。来势汹涌的外来文化借助发达国家领先的科学技术和强大的国家实力，建立起了世界范围的文化霸权，对中国本土的民族文化所建构的意义世界进行了激烈的否定和亵渎，在其喧嚣的文化浸润中日渐肢解传统的价值体系，对中国大学校园文化形成了强劲的冲击。从 20 世纪 80 年代初的西方思潮热浪的兴起，到今天对时尚潮流的狂热追捧，在高校校园里从日常学习、生活、消费等各个方面，外来文化都展示出其强劲的渗透性和表面张力。

经济全球化进程强力推动了大学校园文化的变迁。经济作为文明的基础，绝不仅仅只有物质的价值，也包含着深刻的精神方面的含义，能够对文化的变迁产生重要的影响。由全球范围内的经济发展带来的校园文化变迁通常有两种：一是潜移默化的渗透，二是显而易见的突变。

经济全球化引发的渗透式文化变迁，主要源于西方富于渗透性的现代工业和现代科技的影响，这一影响对现代大学校园文化产生了强烈的冲击，使大学校园充盈着对经济利益无限膜拜和盲从的情绪，也日益震撼着中国高校校园内"君子言义、小人言利"的价值围城。大学校园文化两种形态的变迁，使校园内传统文化中内圣外王、人与自然和谐共处的思想逐渐萎缩，迅速前进的工业巨轮轻易就把宁静的心灵图景碾得粉碎；伴随经济意识的空前膨胀，精神追求也开始全面萎缩；工具思想全方位渗透校园文化，人们的内心修养、价值追求追寻着经济利益的足迹，这就导致人们逐渐淡漠了精神渴求。

经济全球化带来的文化突变式的更替，主要源于货币资本在全球范围内空前频繁地往来，市场的开拓与扩张有力地突破了国家、民族、文化风俗以及意识形态划出的传统疆域。从跨国公司、卫星电视、互联网络到餐饮、汽车、娱乐等品牌，这些异国他乡的文化正在穿越空间距离和森严的国境线，愈来愈密集地植入我国本土。高校校园是文化发展的前沿阵地，大学生始终是社会的先锋，他们思想活跃，敢闯敢为，乐于接受新事物。站在传统与现代、本土与外来的边缘，大学校园里回避不了这样的问题：是崇古还是尚今？是慎终追远还是面向未来？是维护传统观念体系还是变革创新？因此，随着国际货币倾销而来的外域文化，正在高校校园引发深刻的思考、艰难的筛选与有效的整合，从而导致校园文化在选择中突变，在更替中和合发展。

随着各种形式的大学校园文化相继展开，校园文化作为一种人文思潮蔓延整个国家，各种形式的学习活动、艺体活动、学术论坛等丰富多彩，推动了全国大学校园文化的蓬勃开展。改革开放多年来，高等教育适应形势的发展进行了全面深化的改革，校园文化的内涵也随之发生了巨大的变化。面对我国社会发展对人才素质新的需求，增强校园文化对人才培养的重要性的认识已经十分必要。对新时代大学校园文化的发展趋势进行评估预测，对于正确地引导高校校园文化发展和弘扬主流文化都具有十分重要的意义。

第二节　大学校园文化建设的重要作用及意义

苏霍姆林斯基曾说过："一所好的学校，墙壁也会说话。"学校的校容校貌，表现出一个学校整体精神的价值取向，是具有强大引导功能的教育资源。校园文化作为一种环境教育力量，对学生的健康成长有着巨大的影响。校园文化建设的终极目标就在于创建一种氛围，以陶冶学生的情操，构筑学生健康的人格，全面提高学生素质。因此，加强校园文化建设，要发挥学校师生在校园文化建设中的主体作用，构筑全员共建的校园文化体系。要树立校园文化全员共建意识，上至学校领导、下至每个师生员工都要重视、参与校园文化建设。校园文化在高校实现培养目标过程中的重要作用，决定校园文化建设它不是单靠学校内部某一部门的努力就能收到应有效果，它与学校各方面的工作都有关系。校园文化对于贯彻执行党的教育方针、提高办学质量和人才培养质量具有重要的作用。正确认识校园文化的功能及价值是加强校园文化建设的一个十分重要的问题。

一、思想政治教育在大学校园文化建设中建立发展

校园文化作为社会文化的亚文化分支，在培养社会需要的合格人才、推动社会进步中发挥着重要的作用。结合每一所高校的办学历史、传统、风格、特色和水准，认真总结，精心培育，积极宣传一种高校精神并身体力行，形成积极、健康、向上的校园文化以激情励志、调整心态、规范行为，将是增强学校的向心力、凝聚力和竞争力，维护高校稳定有序、持续发展的重要的精神动力源。

大学校园文化是思想政治工作的重要载体。校园文化与思想政治工作之间是相互联系、相互交融、相互依存的。从校园文化的角度看，其核心层次——精神层的内容，包括学校的教育目标、教育思想、校风学风、学术道德，属于思想政治工作的范畴；其中间层次——制度层的形成和贯彻，也离不开思想政治工作的保证。

校园文化是一所学校综合实力的反映。校园文化建设包括学校物质文化建设、精神文化建设和制度文化建设，这三个方面建设的全面、协调与发展，将为学校树立起完整的文化形象。校园文化是一所学校综合实力的反映，校园文化的核心竞争力主要表现在文化的凝聚力和创造力上，优秀的校园文化能赋予师生独立的人格、独立的精神，激励师生不断反思、不断超越。

（一）校园文化建设是思想政治教育的重要途径

加强和改进大学生思想政治教育是一项极为紧迫的重要任务，要构建体现社会主义特点、时代特征和学校特色的校园文化，形成优良的校风、教风和学风。

校园文化对学生的塑造是润物细无声的，独特而富含教育意义的校园文化对一个学生的影响长久而深远。进行思想政治教育视角下的大学校园文化建设的研究，不仅是建设社会主义先进文化的需要，还是大学校园文化自身长远发展、不断完善的需要；是高校思想政治教育工作长期顺利开展、提高实效性的需要，更是培养中国特色社会主义事业合格建设者和可靠接班人的需要。在市场经济浪潮下，人们思

想活动的独立性、选择性、多变性和差异性日益增强，一些大学生不同程度地存在着政治信仰迷茫、理想信念模糊、价值趋向扭曲、诚信意识淡漠、社会责任缺乏、艰苦奋斗精神淡化、团结协作观念较差、心理素质欠佳等问题。解决这些问题的途径不少，但加强大学校园文化建设，切实发挥校园文化的育人功能无疑是必不可少且最有效的途径之一。

因此，探讨校园文化的思想政治教育功能，从思想政治教育角度出发来建设大学校园文化是做好大学生思想政治教育工作的新途径、新方法。只有把思想政治教育根植于校园文化建设之中，利用校园文化创造良好的育人环境，才能更好地培养出一批批优秀的社会主义现代化建设人才。而校园文化建设万变不离其宗，其根本也就是为学校的育人目标服务。因此，从思想政治教育角度探讨大学校园文化建设对高校思想政治教育工作的开展具有深远意义，对于大学校园文化建设的思路亦有重大启发。

大学校园文化活动之所以能够蓬勃发展，在于它能够贴近学生身心发展的需要，在潜移默化中促进其成长、成才，以及能越来越多地发挥思想政治教育的功能。因此，加强思想政治教育角度下的大学校园文化建设，就要强化校园文化活动的吸引力和育人效果，促进其实效，为大学生的成长提供更广阔的平台。

第一，通过优秀校园活动调动学生的求知欲和交往欲望。优秀校园文化活动具有激发功能和互动功能，能够在活动中调动学生的求知欲和交往欲望。比如，社团是根据学生的兴趣、爱好、特长及个性发展的不同要求组织起来的，丰富多彩的社团活动能够充分调动学生的积极性，强化其兴趣爱好，增强其自我提高的内在动力和求知探索的热情。而参与到社团的活动中就需要与人互动、交流，这就提高了他们的交往欲望，如果参与多次类似活动，他们的人际交往能力就能得到锻炼和提高，其求知欲和交往欲望就会循环增加，最终达到教育效果。因此，校园文化活动的吸引力和教育效果得以强化的第一步，是各类校园文化活动的开展。

第二，以活动为手段对学生的实践能力、动手能力进行强化。校园文化活动基本的要求就是学生要动起来，只有"动"才能强化其实践动手能力，也只有"动"才能检验这一活动的效果，使其实践动手能力得到提高，校园文化活动的育人目标才算得以实现，因此，强化学生的实践动手能力是使校园文化活动强化吸引力和育人效果的第二步。学校要充分发挥校园文化活动的实践功能，以各种类型的实践活动为手段，加深学生对课堂所学知识的认识，促使其应用到实践中，将理论与实践相结合，从而提高其动手能力，从认知到实践，实现育人效果的强化。

第三，使学生在富有吸引力的活动中，调节心情、改善知识结构和提高自身素质。大学生参加校园文化活动的心理动因是复杂多样的，有的为了增进交往、多交朋友而参加，有的为了打发时间、调剂生活而参加，有的为了增长见识、提高能力而参加，等等。众多原因中，起主导作用的大致是通过活动舒缓心情和增进见识、提高自身修养、改善知识结构。因此，强化校园文化育人效果的第三步，就是学校要通过富有吸引力的活动调节学生心情，完善其知识结构并提高其素质。

最后，以活动为载体，把学校育人理念输入学生心中，化为思想观念。校园文化活动是校园文化中最活跃的动态因素，是极为重要的建设形式和载体，校园精神不仅是在校园文化活动中诞生、升华出来的，还要依靠校园文化活动得以体现并发扬光大。因此，衡量校园文化活动育人效果的最高标准是高校能否将学校育人的精神、理念蕴含在校园文化活动中，以活动为载体，将育人理念深入学生心中并使其转化为学生的思想观念。

从校园文化与思想政治工作的关系可以看出，校园文化建设是思想政治工作与管理工作密切结合的一个最佳形式，是开展高校思想政治工作的有效途径和重要载体。校园文化使高校人文精神形象化并融入学生的实践活动，因为它的育人功能是不可替代的。校园文化把文化育人、管理育人、服务育人、环境育人四方面有效地统一起来，从而构建起德育的大格局，形成功能互补的全员育人环境。广大青年学生在优秀的校园文化氛围中，自觉不自觉地受其熏陶、影响和激励，并通过选择教育、自我教育的过程，逐步升华和完善自己。校园文化有利于促进高校学生社会化的进程。校园文化既注重高校学生人格的塑造，又为其个性的显现和发展提供了机会空间，使广大高校学生在接触社会、体验人生、增长才干的同时，加快了自身社会化的进程。

校园文化活动对思想政治教育的作用主要表现在它能通过健康愉快、生动活泼、丰富多彩的活动，吸引更多人参加，直接影响人的思想和行为，使人们受到生动形象的教育，引导人们正确地认识客观世界，增长文化知识，启迪人的智慧，提高其对社会的认识能力。一首歌曲、一场排练、一部电影、一篇小说，都会对学生产生不可低估的潜移默化的作用。校园文化活动寓教于乐的功能，充分体现了无意识教育和形象教育的特点，弥补了传统思想政治教育的空洞性和生硬性的缺陷，增强了其娱乐性、针对性和实践性，思想政治教育对文化活动的引导主要体现在它的指导思想是沿着为人民服务、为社会服务的方向发展的。另外，社会主义、共产主义的道德观念会激励高校学生去努力提高自己的文化艺术修养，增强对艺术的审美能力和对科学的认知能力。

（二）坚持大学校园文化建设的思想政治导向功能

大学校园文化建设必须重视校园人文精神的培养，要着力塑造大学精神。大学精神是师生员工在校园文化实践活动中特有的心理素质以及展示其人格风貌的群体意识，是校园精神文化的核心，一旦形成，就能对学校成员发生不可抗拒的影响力，并且具有持久的继承性。塑造大学精神，不仅要求构建反映时代精神的大学精神，而且要提出具有自己学校特色的校训、校歌，编纂校史，发挥名人效应，形成名校效应；加强校风建设，努力培养优良的教风、学风；加强领导干部工作作风建设；建立良好的人际关系；积极开展课程文化建设，形成一批高水平、结构合理的课程和学科专业；加强学生社团建设和管理，开展丰富多彩、行之有效的课外文化活动。

要坚持大学校园文化建设的思想政治导向，突出校园文化主旋律。首先，应坚持社会主义文化方向。大学是文化的产物，既是传播先进文化的重要阵地，又是社会先进文化的示范区和辐射源，大学的根本任务是培养德、智、体、美、劳全面发展的社会主义的合格建设者和可靠接班人。大学的这种内在特质和特殊使命，决定了作为社会主义精神文明重要组成部分的校园文化，要始终坚持社会主义文化方向，要始终走在先进文化的前列。大学校园文化是否沿着先进文化的方向发展，将直接影响高级人才的培养和社会主义现代化建设的进程。在当代中国，发展先进文化，就是发展面向现代化、面向世界、面向未来的民族的大众的社会主义文化，这是大学校园文化建设的根本指导思想。

大学校园文化建设必须坚持马克思主义思想的主导地位，紧紧围绕解决价值观这一基本问题，使爱国主义、社会主义和集体主义精神成为校园文化建设中的主要精神内涵和价值导向，始终以正面的、积极的、高层次的文化去陶冶学生，帮助学生树立正确的世界观、人生观、价值观，掌握科学的方法论，形成高尚的道德品质。坚持为学生服务、为社会主义服务的方向和百花齐放、百家争鸣的方针，坚持以科学的理论武装人，以正确的舆论引导人，以高尚的精神塑造人，以优秀的作品鼓舞人，把思想道德建设作为中心环节和重要内容，把弘扬和培育民族精神作为极为重要的任务，贯彻到校园文化建设的全过程。

其次，校园文化建设要体现时代精神，突出主旋律，强调高品位。在校园文化建设过程中，应根据"三个代表"重要思想的要求，把弘扬主旋律和提倡多样化结合起来，全面建设体现中国特色社会主义、时代特征和学校特色的校园文化，以先进文化占领校园文化主阵地，通过贴近实际、贴近师生，不断丰富师生们的精神生活，增强思想政治教育的针对性和实效性。要加强教育和管理，大力创造和发展先进文化，支持健康有益文化，努力改造落后文化，坚决抵制各种有害文化和腐朽生活方式对大学生的侵蚀和影响，巩固先进文化在大学校园中的主流地位。有针对性地开展积极向上的校园文化活动，注重寓教于乐，引导学生从校园文化活动中发现趣味性，在感官愉悦中自觉感受艺术熏陶并锻炼理性思维，满足师生追求更高层次的需要，努力提高校园文化活动的品位。从实际出发，考虑学校的历史文化底蕴，师生特点及校园现有布局特色等，不盲目攀比，做到不同层次、不同类别的学校在校园文化建设上各具特色。校园文化建设要有系统性、规范性和整体性，要将校园文化建设纳入学校总体发展战略中进行系统的、整体的设计和规划，以达到持续的整体功效。对校园文化建设的评价和检验，要讲求实效，防止浮在表面，以及一味追求形式和场面。不能脱离社会和时代孤立地、静态地构建校园文化，应立足于先进文化的高度，努力清理和抵制社会文化中的粗俗成分，保证校园文化的健康发展。

加强校园文化建设，在思想认识上首先应明确一个"为谁"的问题。搞校园文化建设，说到底是为了促进广大青年学生全面素质的培养与提高，使他们成长为全面发展的、高素质的人才。因此，在校园文化建设中，应该尊重学生的主体地位，发挥学生的主体作用，以学生成才、成长为中心，不断满足学生的精神文化需求，促进学生的全面发展。要主动适应广大学生全面发展的、高素质的人才培养要求，为学生自由、充分、全面地发展创造良好的软、硬条件，实现文化育人、管理育人、服务育人、环境育人的目的。

坚持学生的主体地位，加强校园文化建设，尤其要尊重学生依据社会需求，依据自己身心发展的规律，依据自己的愿望、兴趣和爱好，对校园文化的内容、方式、途径、手段等自由选择的权利，促进学生的德行修养自由、全面地发展，充分体现校园文化对人的终极关怀。为此，要根据大学生的特点和兴趣，有针对性地开展全方位、立体式的丰富多彩的校园文化活动，给学生创造一个展现自我、发展自我的多维大舞台，为学生的成才、成长提供有多元选择的空间和机会。

教师是校园中对学生影响最大的群体，应该说参与指导校园文化建设是教师的本职，广大教师在校园文化建设中肩负着重要的职责和光荣的使命。充分发挥教师在校园文化活动中的指导作用，是提高校园文化质量、加强校园文化建设的重要条件。教师在参与校园文化建设的过程中，可以发挥他们的专业知识、理论素养、社会阅历、特长爱好等，教育、影响青年学生，把他们引导到正确的思想轨道上来，引导到弘扬民族优秀文化的轨道上来，引导到积极进取、奋发有为的昂扬精神上来，引导到健康向上的追求上来，引导到深层次的净化精神境界的文化活动中来。同时，教师也可以通过参与校园文化建设，增进对学生的兴趣爱好、特长以及心理和思想的了解，更好地做好教书育人的工作。

注意突出学校特色是校园文化建设的需要。一是可以调动师生员工参与校园文化建设的积极性，二是有助于实现学校的教育目标，三是有助于促进大学精神的形成。突出校园特色，需要从以下几方面入手。一是重视学校的优良传统。传统是历史赋予各学校校园文化建设的特色，任何文化的建设都是从尊重历史开始的，校园文化建设应在学校历史的基础上，继承优良传统，审视利弊，展望未来。二是根据学校人才培养目标，确定校园文化建设的方向。各类高校培养人才的具体目标不同，人才的素质结构不一，因而各校的校园文化建设只有在立足于这种特殊要求时，才能有利于学生成才。三是突出特色，既要以现有校园文化状态为基础，又要根据时代发展的需要规划校园文化发展的前景。

大学精神是大学校园文化的灵魂和核心。科学的大学精神既反映了大学教育的本质、办学规律和时代特征，又体现了先进的办学理念，也体现了师生员工的奋斗目标和价值追求；既是大学的风格和魅力所在，又是大学的活力和生命力所在。大学精神的基本内涵包括自由精神、独立精神、人文精神、科学精神、批判精神和创新精神等相互联系的几个方面。由于历史积淀、地理、文化环境、办学层次的多样性和学科结构的不同，不同大学又会形成独具个性的大学精神，而这种大学精神是衡量一所大学是否形成了富有个性和特色的大学校园文化的主要标准。大学精神在大学发展中"具有价值导向、精神陶冶、规范约束、群体凝聚、社会辐射等一系列极其重要的作用"。大学校园文化建设要围绕培育大学精神，总结和提炼大学在长期办学实践中逐渐积累形成的、体现在师生员工行动中的精神财富，比如校训、校风等，把大学精神渗透到大学物质文化和制度文化的建设中去。

校风就是一个学校的风气，是指一个学校广大师生员工在教学、科研、管理等各种活动中所表现出来的一种稳定的、在大学乃至全社会得到普遍认可的行为倾向，由干部的思想作风、教师的教风和学生的学风构成，是大学精神的具体表现。校风对形成优良的校园文化乃至学校的建设有着十分重要的导向作用，优良的校风能对学生的健康成长起到潜移默化的作用，可以陶冶学生的思想情操，净化学生的心灵，开启学生的智慧，培养学生的集体荣誉感，规范和约束学生的行为和习惯，对学生的人生观、世界观、学习风气以及优良个性的形成具有深刻影响。加强大学校园文化建设，就要加强大学的校风建设，建立科学机制，贯通于大学教学、科研和管理的各环节，在实践中形成求实、奋进、民主、高效的领导作风，形成严谨治学、热爱学生、言传身教、为人师表的教风，形成自强不息、勤奋学习、多思善问、敢于创新的学风，从而促进学校各项工作的全面发展。

（三）思想政治教育与校园文化建设的融合

从高校育人的功能来看，校园文化环境建设与思想政治教育都是高校教学工作的重要组成部分，它们有着密切的关系，相互促进、相互影响、相互渗透。

思想政治教育对校园文化建设起导向作用。从当前高校思想政治教育的对象来看，受教育的主体是新一代的青年大学生，他们乐于接受新思想、赶超新潮流，富有大胆创造性，思维活跃。高校人才培养的最根本目标就是把学生培养成高素质人才，实现个体的全面发展。因此，大学校园文化的建设，必须与高校人才培养目标一致。这个方向不能偏离，因此就离不开高校思想政治教育的导向作用。在新的受教育群体中，独生子女占大多数，他们表现出这一代人的鲜明特征，比如：坚持主流价值体系，但受实用主义影响比较明显；对传统道德观念认同度高，有较强的道德意识，但对一些不良现象也存在麻木、漠视的态度；重视人际关系，对各种时尚元素充满好奇和热情，但往往导致不切实际地盲目接受等。因此，加强大学校园文化建设，全面提高大学生的综合素质，既符合高校人才培养目标的客观要求，又符合时代对精神文明建设的要求。因而必须以社会主义思想体系为指导，牢牢把握高校思想政治教育这一阵地，使校园文化建设积极体现先进文化的前进方向，体现社会思想体系所确定的基本价值原则和取向，为大学校园文化建设奠定扎实的思想基础。

校园文化建设有利于大学生思想政治教育目标的实现。校园文化建设是高校思想政治教育工作的有效途径和重要载体。首先，优秀的校园文化有助于引导大学生树立正确的世界观、人生观和价值观。广大青年学生在优秀的校园文化氛围中，自觉不自觉地受其熏陶、影响和激励，并通过选择教育、自我教育的过程，逐步升华和完善自己。优秀的校园文化也使得思想政治教育的内容和要求容易被青年学生接受。其次，有利于学生健全人格的塑造。学生在特定的校园文化氛围中活动，受到特定群体意识的熏陶和影响，就会在此过程中形成与群体一致的文化意识和文化品格。奥地利教育学家布贝尔提出的"教育者的最重大任务在于帮助塑造人的品格""名副其实的教育在本质上就是品格教育"，强调的都是校园文化对学生的思想品德和人格的塑造功能。健康、高雅、积极向上的校园文化是学生个性和谐自由发展的广阔天地。在参加校园多层次、多形式的文化活动的过程中，学生可以深刻地认识到自己的价值，发挥个性潜能。作为校园文化建设的重要组成部分的学生社团活动，对满足学生交际、结伴、归属的需要以及发展兴趣和特长、开阔知识领域、完善认知结构等方面都具有不可替代的作用。第三，有利于学生心理健康的调适。校园文化能以整洁优美的校园环境、丰富多彩的课外文化生活、充满朝气的育人氛围，通过感染、暗示、培育、激励与心理调适等多种功能，改善学生的心态，改变学生的情绪、情感、行为规范与生活方式，进而陶冶学生的情操。

高校思想政治教育对校园文化建设具有一定的指引作用，高校的文化建设同样对高校大学生的心理健康和人格的健全具有一定的影响。因而，大学校园文化建设需要把握正确的价值方向，发挥校园文化对高校大学生认知的导向作用，从而使大学校园文化在建设过程中充分地体现出思想政治教育的积极作用。这就使得我们在开展大学校园文化活动的同时，必须坚定地以马克思列宁主义、毛泽东思想、邓小平理论、"三个代表"重要思想、科学发展观以及习近平新时代中国特色社会主义思想为指导，使广大青年学生在丰富的校园文化活动中树立起正确的世界观、人生观、价值观，使校园形成良好的精神环境和文化氛围，发挥校园文化的价值导向优势。首先，校园文化对思想政治教育来说，在观念和价值导向上具有重要优势：通过静态和动态的、物化和潜隐的校园文化建设，来促使校园文化主体在观念上肯定思想政治教育的地位，从而奠定真正增强思想教育实效性的观念需求和环境基础。只有校园文化氛围中有了共同的意识和观念，它才能保证活动过程的畅通无阻和普遍的认同感。其次，校园文化作为亚文化，其自身发展需要精神内核，而与时俱进的思想政治内容会成为其不断完善的内在要求，凝聚成校园文化的思想内核。除了优秀的传统文化以外，最重要的内容就是当代社会主流的文化价值体系，如社会主义核心价值体系就为校园文化建设提供了重要的理论支撑。所以说，在校园文化建设中，可以有效利用思想政治教育的内容来确定校园文化的价值导向。总之，无论从对思想政治教育活动的认同感，还是从思想政治教育内容对校园文化的规定性来看，校园文化在思想政治教育的观念价值和取得实效上都显示出重要的导向和定位优势。

要以先进的校园文化为载体，提高思想政治教育工作的有效性。各种校园文化活动构成了大学校园文化环境建设的动态载体，也成为了校园文化建设的重要方面。在开展各种校园文化活动的过程中，需要注意的是必须充分发挥学生的主体性作用，学生不仅是校园文化的主体，也是思想政治教育的主体，校园文化建设要充分尊重学生的主体性地位，不断发挥校园文化与思想政治教育的重要作用。一方面，要不断去了解学生的心理、兴趣爱好，以开展学生喜闻乐见的校园文化活动；另一方面，要充分调动学生干部的积极性，在把握原则性方向的前提下，放手让学生干部策划、组织各项校园文化活动，激发他们的创造力，从而有力地促进校园文化活动的开展。先进的校园文化环境会对学生的心灵、情操、世界观、人生观、价值观的养成产生极其深远的影响，高校应该在校园文化环境建设上充分继承和弘扬民族文化精神，在此基础上广泛地吸收和借鉴外来的有用文化，在内容和形式上不断创新。可以在以往开展的各种文体活动的基础上，不断创新出建设校园文化环境的新的载体，例如，将网络等载体引入，在积极引导与控制的前提下，充分发挥网络环境对校园文化建设的作用，同时也使网络成为高校推进思想政治教育的重要阵地。此外，可以加强校园的人文环境与自然环境的建设，努力营造良好的学习、生活环境，将高校的校训、校歌、校徽等物化于各种高校的建筑、雕塑、楼宇、花草等校园景观之中，以有效地引导高校的大学生弘扬高校的优良传统。

校园文化的作用是通过潜移默化的方式实现的。作为隐性的课程，校园文化是高校思想政治理论课教学的延伸和补充，思想政治理论课教学工作的开展离不开各种校园文化的建设。高校应更新观念，为思想政治理论课和校园文化的有效结合提供契机，提高高校思想政治教育的效果。

二、大学校园文化对社会文化的引领

大学是以传授高等知识、研究高深学问、培养高级人才、开发高新科技为主要内容的教育机构，是知识的集散地、辐射源和创新基地，是人类追求文明进步的精神殿堂。作为保存、传承、传播和创造先进文化的重要场所，大学具有文化传承与创新的历史使命，并在建设有中国特色的社会主义事业中发挥着越来越重要的文化引领作用。这主要体现在大学所具有的几大作用上：一是具有继承传播文化知识的作用，大学凭借高素质人才聚集的优势，理论研究的深度和广度，以及教育、研究、创新的能力，在文化理论的建设、研究和传播中发挥着带动作用；二是具有培养高层次人才的作用，大学培养高层次人才的职能，使它担负着培养国家建设、民族复兴所需要的德才兼备的优秀人才，包括文化建设的领军人物的任务；三是具有思想引领的作用，大学是新思想、新理论、新知识的摇篮，是国家发展的人才库、智囊团、思想库，在文化理论研究和文化建设方面，始终引领着社会前进的方向；四是具有文化创新的作用，大学校园文化研究与实践的主动性，使大学成为文化理论研究创新和文化体制机制创新的策源地；五是具有带动社会良好风气形成的作用，大学先进的人文建设和高尚的价值示范，对社会风气产生了积极的影响。

因此，大学一方面要认清自身的职责和使命，加强文化建设，坚持以人为本，重在"化人"，建设开放、多元化的大学校园文化，同时发挥文化桥梁和文化交流中心的作用，并注重创新，以全面提高大学校园文化；另一方面要充分认识自身在文化建设中具有的引领作用，不断增强文化自觉、文化自信、文化自强，引领社会文化发展，促进文化的繁荣和发展，实现建设文化强国的宏伟目标。

随着现代社会的发展，以传播知识为主的大学在社会活动中的作用越来越重要，学校及师生更多地融入社会活动中，以其环境、条件、研究成果等为载体直接参与社会活动，并与社会建立了广泛、密切、深入的联系，参与社会不同领域的服务与发展，促进了社会的进步。而大学也一直是各种新思想、新理论的发源地，是各类思潮和运动的策源地，因为其具有的先进性而对社会产生了重要的影响。尤其大学是通过人才培养、科学研究、社会服务和文化传承创新等功能的发挥为文化的发展繁荣做出贡献的。因此大学校园文化不仅承担着育人的职责，也承担着引领社会文化的职责，在利用先进文化的辐射和导向作用提升社会文化和所处地方的文化品位方面也具有重要作用。

为了加快文化的发展，大学可以根据当地的需求和自身的特色和优势，采取多种形式做贡献。一是培养文化事业发展所需的人才，大学要贴近区域发展的需要来设置相关专业，通过优化专业结构，拓宽办学渠道，以文化市场为导向，着力培养文化运作与发展所需要的新闻传媒、文化创作、经纪、策划、管理等方面的人才，以及文化创意、电子出版、动漫网络等新兴技术人才和销售人才，以满足日益发展的文化市场对人才的需求。二是与当地宣传、文化主管部门协调合作，通过委托、定向培养、双向交流等多种方式和途径，派有关人员到其他高校学习、进修，或通过与其他高校联合办学、开办集中短期培训和举办文化产业论坛等方式，为社会公众开展艺术娱乐表演或提供文化活动的组织、策划服务，开办文化产业，提供文化产品生产和销售方面的人才，并承担文化人才的继续教育任务。三是实现大学校园文化与区域文化的共享，通过建立和完善大学与区域的信息交流平台，利用报刊、电视、广播、网络等多种形式，传播大学的形象和信息，开放大学的图书馆、体育馆、博物馆、校史馆等文化设施，举办各类文化讲座、演出等，建立开放式校园，促进文化共享，为公众营造文化享受和熏陶的氛围，发挥大学校园文化的外向辐射作用。

（一）发挥大学校园文化在建设文化型社会中的重要作用

一是建立合作机制和平台。关键是在文化建设方面，建立一个统一合作的平台，通过通畅的合作机制，将遵循上级意见与结合当地实际结合起来；通过统筹、组织、策划、协调，制订明确的计划，有目的地布局，实现资源充分整合，建立长效机制。该措施必将在文化建设方面发挥积极作用并取得显著成效。

二是建立合作实践基地。每年各大学都会开展各种实践活动，以培养大学生实践与创新能力。应当通过资源的整合，拓展文化素质教育与实践基地的功能，形成爱国主义教育、历史文化教育、科技文化教育三大校外文化素质教育与实践的基地群。一方面，地方政府要积极支持大学在当地建立实践基地，对大学的需求予以积极的支持和主动引导；另一方面，大学要将教学实习、毕业实习、就业、社会实践、传统教育、改革开放教育等校外教育基地进行整合，注重发挥基地的实践育人作用，通过实践基地的建设，将大学校园文化辐射到企业、农村、社区、学校等地。

三是开展"三下乡"活动。每年各大学都有成千上万的学生参与"三下乡"活动。在医、农、渔、师范等方面具有特色和优势的大学，是目前"三下乡"活动的主要参与方。该活动尤其针对农村中最需要解决的问题。"三下乡"活动中的各种志愿者服务、社会实践等活动，既锻炼了师生的能力，增加了他们对社会的了解，丰富了他们的人生阅历，又展现了师生积极向上、朝气蓬勃的精神风貌，而且他们的服务丰富了当地人民群众的文化生活。积极鼓励更多的师生参与服务地方社会文化的活动，对于提升当地文化品位及促进文化建设具有一定的作用。

四是深入建设文化社区。大学要充分利用自身拥有大量高素质年轻志愿者的独特人才优势和文化优势，主动深入社区，参与、开展群众文化活动，丰富群众的文化生活，满足人民群众的精神文化需求。这不仅是群众性精神文明创建活动的重要内容，也是大学校园文化向外辐射和提升当地文化品位的职能所在。精神产品和社会文化生活对人们的思想观念、道德情操有潜移默化的影响。通过大力参与村镇文化、社区文化、企业文化、校园文化等群众文化活动，开展普法知识教育、科技知识传播、卫生知识宣传和文艺演出等，倡导科学、文明、健康的生活方式，营造浓厚的社区文化氛围，带动良好社会风气的形成。通过充分发挥大学校园文化的社会教育功能，用先进的思想文化占领城乡文化阵地，引领和谐社会的建设。

五是发挥学生社团的作用。各大学中的各种学生社团，是学生们自发、主动组织的。许多社团活动已经在社会上产生了影响，如某高校爱心协会开展的献血活动，以及某高校在志愿者协会基础上创办的"义工银行"等。广大青年学子有朝气、热情和参与意识，各高校关键是要通过组织引导，搭建平台，实现学生与社会的有效对接，如使学生创业社团得到政府部门的指导，使公益社团得到民政、卫生等部门的指导，使文艺社团得到文化局及相关文化组织的指导，使写作、多媒体社团得到报社、电视台的指导。将各具特色的活动融入社会，不仅会激发学生的热情，提升他们的社会责任感和公民道德，也会使文化建设拥有一支源源不断的生力军。

大学是文化的中心。实现社会主义文化大发展、大繁荣是我国经济发展在新的历史时期提出的新要求。在这个进程中，要充分发挥大学的引领作用，保持社会文化的又好又快发展，为推动经济的发展、促进精神文明建设、建设和谐社会做出应有的贡献。

（二）充分发挥大学校园文化对社会文化的影响功能

社会文化包括大学校园文化，大学校园文化是社会文化重要的组成部分。大学校园文化直接影响高校师生的学习、工作和生活，对于营造人文氛围、提升师生的精神境界、形成优良的教风学风和工作作风、激发创造力、增强凝聚力、弘扬主旋律等，发挥着积极作用。良好的校园文化是一所学校赖以存在的人文精神支撑，是实现高校学生素质教育的文化环境和教育环境，是精神文明建设的基础性、战略性措施，是坚持社会主义办学方向的重要保证，是培养社会主义事业建设者和接班人的基础工程，是高校核心竞争力的重要组成部分，也是高校精神和高校品牌的重要体现。校园文化对社会文化的建设具有以下作用。

1.教育导向作用。健康向上、生动活泼的校园文化能提高校园师生员工的思想觉悟和认识能力，塑造和培养他们的美好心灵。同时，由于学校师生员工所处的环境、所接受的教育程度千差万别，他们的世界观、人生观和价值观各有差异，加之全球化、市场经济的冲击，社会上的拜金主义、享乐主义、极端个人主义以及各种腐败丑恶现象，必然会影响着广大师生员工的心理、思想和行为，这些都需要健康向上的高雅的校园文化发挥其所固有的主流意识形态的诱导、启迪作用，将师生的事业心和成功欲转化为具体的奋斗目标、人生追求、信条和行为准则，形成广大师生的精神支柱和精神动力，从而使他们树立正确的世界观、人生观、价值观，共同为社会主义现代化事业奋斗。

2.熏陶和示范辐射作用。校园文化是一所学校区别于其他学校的标志，表现为师生员工对理想人格和自我完善的追求，并无时无刻不浸润在师生员工学习、生活的各个环节。良好的学习和生活环境、健康向上的校风，是一种无形而深刻的力量，对人们产生着潜移默化的影响，最终使人们形成共同的价值取向，实现行为举止上的趋同。同时，高校通过开展送科技文化到农村、到工厂、到军营等活动，发挥了校园文化巨大的示范和辐射作用。

3.凝聚和激励作用。校园文化的凝聚和激励功能主要体现在校园精神文化上。校园精神是学校师生共创和认同的价值观念，是大学校园文化的灵魂，它对高校师生具有无形的、不可低估的凝聚力和感召力。良好的校园文化氛围，往往能产生一种激励作用，从而使学校产生精神振奋、朝气蓬勃、开拓进取的良好风气，形成一种你追我赶的激励环境和机制。总之，优秀的校园文化具有催人奋进的凝聚力和激励作用，能激发全体师生员工对学校的认同感、自豪感和荣誉感，激发他们的工作、学习热情和对崇高理想的执着追求，进而使学校的凝聚力得到升华。

4.规范和调适作用。校园文化集聚着学校发展过程中所形成的优良传统及创新精神，营造着生动活泼和健康向上的校园文化氛围。校内师生在校园文化中生活，一方面会受到有形的或无形的、有明文规定的或无明文规定的各种规章制度及行为规范的要求和制约。这种规范力量有助于师生按照学校的规章制度要求自己，养成良好的道德品质和行为习惯，成为合格的优秀人才。另一方面，这种文化氛围会使师生们激发共同的归属感、荣誉感和自豪感，有利于消除他们心理和情绪上的自我干扰和相互摩擦，减少内耗，协调人际关系，使他们心情舒畅，为共同的目标追求而努力奋斗。

扬弃和创造作用。大学校园文化需要从社会文化中吸取精华，汲取营养，同时也要舍弃糟粕，自觉抵制社会文化中的消极因素，避免其对自身的影响，从而使社会文化中健康向上、生动活泼的内容被发扬光大。大学校园文化还具有开发创造性的功能。大学校园文化的建设，需要充分发挥人的主观能动性，激发人的创造潜能，变被动地接受知识、传播知识为主动地运用知识、丰富和发展知识，这有利于培养师生的创新精神和创造能力。

三、大学校园文化对高素质人才培育的作用

高校对人才的吸引力在很大程度上体现在高校的人文环境上，高校人文环境是整个校园文化的一个重要组成部分。一所高校的人文环境的优劣，直接关系到学校师资凝聚力和吸引力的大小。随着人事管理制度的改革，高校教师的自由度和选择余地越来越大，哪里能提供更适合发挥个人才能的人文环境，他们就会被哪里吸引。如果高校在制度文化中建设能坚持做到管理与服务并重，使管理更加人性化，在一定程度上就能起到以感情留住人才的效果。现在高等教育的人才竞争趋于白热化，引进人才难，留住人才更难，在客观条件相似的情况下，以情留人、为其提供最大限度的服务就显得特别珍贵。让学者对学校产生认同感是最好的合作前提。同样，好的校园文化建设也大大影响着学生的择校选择。一所具有优秀校园环境的高

校，在物质、人文、制度上都将成为吸引更多优秀学子前来学习的前提条件。大学校园文化应当坚持以教育为本、以德育为先的方针，把正确的政治思想放在首要位置，培养更多优秀的高素质人才。

大学校园文化在政治导向作用中，可以弘扬爱国主义、社会主义等主旋律。校园文化作为重要的环境因素，对于一名学生能否成长为一个高素质型人才起着至关重要的引导、熏陶和教化的作用。优秀的大学校园文化可以对高校学生进行思想引导、情感熏陶、意志磨炼和塑造，并通过各种活动包括社会实践营造出良好的文化氛围，培养高校学生文明的举动，塑造其高尚的思想，使其树立正确的人生观、价值观和世界观，从而真正起到培育素质人才的作用。

（一）优秀校园是优秀校园文化的承载体

先进、文明、高雅的校园文化是和谐校园的基础和前提。没有和谐的大学校园文化，校园就不可能形成相同的思想基础和价值观念。大学校园文化建设可以起到对内凝聚力量，对外扩大影响、增强学校综合实力和核心竞争力的作用。只有校园文化建设得出色，学校的综合实力才能得到完善和提高。

校园文化的魅力就在于它渗透于学校教育教学的各项活动之中，潜移默化地陶冶师生的性情，育人无声，寓教于活动之中，具有非强制性、不干预性等特点。关于校园文化在高校育人中的作用，学者们有过较多的讨论。有学者从大学校园文化的功能角度，探讨了校园文化在高校人才培养中的重要作用。他们认为，大学校园文化具有教化、引导、凝聚、激励、约束和辐射等功能。良好的、催人向上的校园文化犹如"无声润物三春雨，有心护花二月风"，会使师生逐渐形成一种爱国爱民、追求真理、刻苦学习、积极进取的精神风貌，一种纯正优雅、宁静淡泊的情操，一种博大庄严、任重道远的使命感。高品位的校园文化不仅可以促进教学、科研及管理活动科学有序地开展，而且可以使每个校园人的精神世界得以升华，培养和激发师生员工的群体意识、集体精神和创新能力。还有学者指出，校园文化在高校育人中具有导向作用、激励作用和品质优化作用。校园中互动的文化环境与精神氛围，蕴含着教育目的，深刻地影响着学生的个体发展，有助于培养学生高度的责任感、使命感和集体荣誉感。校园文化能够陶冶学生的情操，提高学生的素养，同时也为磨砺学生的意志品质提供了机会与舞台。高品位的校园文化培养了学生的坚韧性，增强了学生敢于面对磨难和失败的勇气，培养了学生良好的心理素质。

大学校园文化建设还是扩大学校影响力的重要手段之一。每一所高校的社会影响力都体现在其办学过程中产生的一系列办学理念以及人才培养、学术研究等对社会产生影响的程度上。社会影响力是高校生命力强弱的标志。一般来说，高校的社会影响力越大，该校发展的前景就越被人们看好。随着近年来我国高等教育的不断发展壮大，高校竞争中最大的竞争莫过于人才和生源的竞争。那些社会影响力大的高校，往往能在招生中居于优势地位。深厚的人文传统、悠久的办学历史、专业的学术科研水平、不同专业的设置、校园文化活动的范围等都会影响高校的社会影响力。越来越多的高校意识到，大学校园文化建设的影响力需要是隐性的，但是其作用越来越明显，而且大学校园文化建设不是一蹴而就的，优秀的文化建设需要长期不断的努力才能达到。

（二）优秀校园文化是培育高素质人才的"摇篮"

高校是高素质人才成长的摇篮，校园文化作为重要的环境因素，对于一名学生能否成长为一个高素质型人才，起着至关重要的引导、熏陶和教化的作用，这主要体现在三个方面。

一是提升自信心。当前，各地高校面临生源不足、招生困难和生源素质下降的严峻形势，更可怕的是由此导致部分师生对未来信心不足，缺乏进取精神，学习动力不强。加强校园文化建设，搭建师生自我表现、自我教育和自我服务的平台，能够让师生在参与中清醒认识形势，形成共同价值追求，增强对事业的认同感、对学校的归属感和对未来的自信心，真正起到统一思想、汇聚力量、增强信心的特殊作用。

有了凝聚力和自信心，师生就能激发出责任感和紧迫感，迸发出奋发向上的热情和力量。目前不少高校开展了以心理健康教育为主题的活动，通过专业心理教师对大学生进行心理疏导，帮助他们剖析原因，消除心理障碍，增强学生承受挫折、战胜自我的能力，培养学生良好的心理素质，使他们勇敢面对学业及未来就业的压力，逐步提升他们的自信心。

二是增强认同感。文化具有多样性和多元性，可以分为主流文化和亚文化。主流文化是积极的、健康的、向上的，符合学校的未来发展方向，代表绝大多数师生员工的现实利益和长远利益，如果被广大师生员工接受，成为师生共享的价值判断，就能产生巨大的物质力量。亚文化和主流文化对应而生，与事物发展的客观规律相违背，和事业发展的要求以及大多数人的利益相背离，强调个体的私利和短期效应，对事业发展和人的潜能激发十分不利。学校是人才的摇篮、育人的基地，育人的过程实质上是用文化影响和塑造人的灵魂的过程。育人的成效取决于学生对文化的辨别力以及主流文化和亚文化交锋的结果。开展校园文化建设，可以培育和壮大主流文化，扩大其渗透力和影响力，使其成为师生员工共同的价值判断，不断巩固其在师生员工中的主导地位，最终使那些所谓"亚文化"在校园中逐步失去市场。

三是提高教育力。教育的最高境界是潜移默化。文化育人的基本过程也是潜移默化。校园文化作为一种精神力量，能使人深受震撼、力量倍增，成为照亮人们心灵的火炬、引领人们前进的旗帜。优秀的校园文化，能够发挥其独特的熏陶和感染作用，帮助学生完成完善的人格塑造、良好的习惯养成、正确的价值观形成等基础工作，奠定他们人生的根基。优美的学校环境，干净整洁的餐厅，舒适的宿舍、公寓，便捷的学习条件，人性化的管理和服务，学校里的一草一木、一点一滴……都带有文化的气息，潜移默化地影响着学生；教师的一言一行、一举一动，都传递着文化的力量，塑造着学生的现在和未来。这就是文化的力量，也彰显了校园文化建设的必要。

（三）扎实开展大学校园文化建设，为培养高素质人才护航

建设校园文化、培养高素质人才的目标是提高学生的职业素质和职业素养，打造"双核型"人才。一名真正的高素质人才，不仅应当具备熟练的职业素质，还应当具备相应的职业素养，是核心职业素质和核心职业素养相统一的"双核型"人才。这是从本质上对素质人才"唯素质论"传统认识的彻底颠覆，也是对素质人才培养目标的重新定位。作为高素质人才成长的摇篮，大学校园文化发展模式的核心目标和最终落脚点，就是要紧紧围绕职业素质和职业素养这"双核"来进行，学校文化建设要能够反映职业素养和职业素养这"双核"的规范和要求，激发学生学习职业素质、培养职业素质的兴趣和动力。有了良好的职业素质和职业素养，高素质人才成长才的能拥有坚实的根基。

建设校园文化、培养高素质人才的路径是注重在素质教育中渗透职业素养教育，积极推进"素质教育进课堂"。实践证明，在职业素质教育中渗透职业素养教育，让学生在课堂上逐渐培育职业习惯、职业操守，然后再借助于课堂外的隐性教育帮助学生掌握更多的人文知识、提高自身的职业素质，是一条切合高校实际的文化建设和职业素质教育之路。要想实现二者的结合，就要以积极推进课程改革为努力方向，重点开发的整合职业道德、职业意识、职业心理、职业精神等职业素养的养成课程，加强就业指导课程等人文课程的建设，形成职业素养教育的基本课程模块。

建设校园文化、培养高素质人才的方向是注重与企业文化的对接，大力推动"企业文化进校园"。职业教育必须以就业为导向，注重专业素质的培养，强调根据企业生产实际需要、针对不同的岗位培养专门人才，追求学校教育与社会生产实践的无缝对接。这里的对接，自然包括文化的对接。因此，校园文化建设必须主动对接企业文化，必须研究和借鉴企业文化的发展轨迹，吸收和整合企业文化的合理成分，体现和代表企业文化的突出特征，特别是结合"订单式"人才培养模式，将订单培养企业的文化内容分解在专业教学等方面之中，使学校文化和企业文化紧密结合。

建设校园文化、培养高素质人才在内容选择上必须突出职业道德和敬业精神的

培养。职业教育人才的培养目标十分明确，就是培养生产、建设、管理、服务所需的技术应用型专门人才。这种专门人才需要全面发展，首当其冲是应具有良好的职业道德和敬业精神。这种职业道德和敬业精神正是高校职业素质教育的核心，也是素质人才得以健康成长和持续发展的内在因素。高校应围绕职业道德和敬业精神开展学校文化建设，其内容要针对未来从事职业的特点，重点开展与未来职业紧密相关的法律教育，诚信、责任、创业、敬业的教育，以提升学生相应的能力和素养。

把高校学生培养成为党和国家所需要的合格人才，是我们党执政为民宗旨的具体体现，是高校的神圣使命与职责。这对于整个国家发展而言意义深远。大学校园文化建设的根本目的是培养高素质的社会主义接班人，要通过调动师生的积极性，使学生逐渐养成主动学习、主动实践的自觉性，进一步巩固、拓展自己的知识结构；要启迪学生的创新精神，感染熏陶其审美情趣，并通过各种文化活动提高学生多方面的能力，使其身心健康得到发展。

第三节　校园文化活动的理论

大学校园文化活动是大学校园文化建设的载体，是大学校园文化的灵魂。它既是展示高校办学活力和效果的重要方面，也是增强和提高师生实践能力和运用思想、知识、能力的水平的重要途径。高质量的校园文化活动，不仅可以丰富校园生活、振奋学生精神，而且能够产生强大的凝聚力和吸引力，培养和激发广大学生的群体意识和集体精神，促进学生全面成长成才。新时期，高校应以党的二十大精神为指引，大力推进校园文化活动创新，为推进社会主义文化大发展、大繁荣做出应有的贡献。

一、创新大学校园文化建设的原则

随着新媒体发展步伐的不断加快，加强对新媒体视域下大学校园文化的建设是绝不容忽视的重大问题。新媒体确实给师生们带来了很多的方便，改变了传统的教学模式，提高了学习和交往的效率，但是也带来了很多负面的影响，如果我们不能很好地引导和规范新媒体技术的应用，不仅会影响青年大学生的健康成长，还关系到我国高等教育事业能否科学发展。在移动互联网和媒介融合的时代，繁荣发展大学校园文化需要牢牢把握以下几项原则。

（一）坚持传承和发展相统一

大学校园文化是高校在长期办学实践的过程中，经过历史积淀而逐步形成的一种特殊的社会文化形态，这种积淀的过程既是传承，也是发展。新媒体的快速发展和普及应用，开辟了大学校园文化建设的新领域。一方面，高校作为创造知识、培育人才的重要摇篮，是传承优秀传统文化的重要平台。高校校园主体可以结合各自学科的不同理念、专业特点、办学特色和历史传统等，运用新媒体手段积极传播中华文化的历史价值、优良传统和知识体系，充分展现大学校园文化的独特魅力和发挥其引领社会风尚的功能。另一方面，新媒体的出现使得发展大学校园文化比任何时候都更为重要和迫切。高校应按照大学校园文化的独特价值和发展规律，充分发挥高校师生的思想文化创造活力，广泛运用新媒体打造更多的校园文化精品，推动大学校园文化在传承中创新、在创新中发展，使大学校园文化成为我国社会主义文化"百花园"中的一朵艳丽奇葩。

（二）坚持开放与融合相统一

大学校园文化是一种依托于社会文化又区别于社会文化和其他亚文化的相对独立的文化体系，它随着社会文化的发展而变化。媒介融合的加速，新媒体的应用普及，促使高校对外联系互动的渠道、方式和形式变得日渐丰富且推陈出新，对外开放的广度愈广和深度愈深，外联变得越来越便捷、快速而富有效率，构筑出一种全新的文化交流和传播方式，赋予了大学校园文化建设新的内涵和发展方向。大学校园文化与社会文化之间的融合程度、趋同性、互动性日臻明显。例如，高校学者在其微博上发布其对某个社会问题或事件的看法和意见，可以在瞬间把信息传达到其"粉丝"

和其他用户手中，广播、电视、报纸等传统媒体纷纷跟进，就会在现实生活和网络社会之间掀起对这一问题或事件的热烈讨论，进而影响社会管理和政府决策。因此，在移动互联网和媒介融合时代，大学校园文化建设应该坚持开放性和融合性相统一，努力借助新媒体的强大力量，积极吸取和借鉴一切社会优秀文明成果，古为今用、洋为中用，让大学校园文化绽放得绚丽光彩。此外，新媒体对经济社会发展和人们生产生活的影响已经远远超越了纯技术或某一学科的研究范式，这就要求必须对人才培养和科学研究的理念与模式进行调整，这是社会生活网络化、信息化在高等教育领域中的新确证和新影响。高校应适时调整学科设置和专业结构，敢于打破学科间的壁垒，更加注重不同学科之间的融合与渗透，增设新媒体的应用、管理及其对经济社会发展的影响等方面的课程，积极搭建产学研一体化、跨学科融合研究等各类平台。

（三）坚持多元化与主导性相统一

大学校园文化对青年大学生的成长成才具有潜移默化的熏陶作用，对于社会主义文化的发展进步及社会风尚具有明显的导向和引领作用。在移动互联网和媒介融合时代，高校师生不仅可以随时随地利用各种终端和各种通信设备，在网络上参与各种讨论，进行信息交流，还可以在网络上开展各种商业活动，从而铸就了一种全新的网络社会文化。这种文化作为大学校园文化的重要组成部分，致使大学校园文化更加多元化：一方面，高校间学科、专业和办学理念的差异和历史传统的不同，形成了形态各异、种类万千的文化风格和品位；另一方面，媒介融合造就了网络文化的多样性。尽管大学校园文化具有多元化的特征，但是，我国高等教育的性质、根本任务和社会主义的办学方向，决定了高校校园文化建设必须坚持主流思想的主导性，即必须坚持马克思主义指导思想在大学校园文化建设中的主导地位，用社会主义核心价值体系引领大学校园文化繁荣发展，善于占领网络信息传播和网络舆论的制高点，毫不动摇地坚持用社会主义荣辱观引领网络舆情，引导青年大学生知荣辱、明是非、识美丑、辨善恶，坚决抵制庸俗、低俗、媚俗之风，积极营造文明和谐、健康向上的大学校园文化环境，使网络成为宣传党的主张、弘扬社会正气、创造先进文化的重要阵地。因此，坚持多元化与主导性相统一，是新媒体视域下大学校园文化建设必不可少的一个重要原则。

二、开展校园文化活动应坚持"走上去、走下去、走出去"

（一）"走上去"应做到活动具有思想性、品牌性、导向性、创新性

1. 思想性

开展校园文化活动时，应坚持在社会主义核心价值体系指导下，弘扬主旋律，弘扬民族精神，弘扬时代精神，弘扬人文精神，促进校园文化活动与思想教育紧密结合，促进校园文化活动与学校党政中心工作紧密结合，着力营造高雅的校园文化氛围，陶冶情操，净化心灵。坚持对大学生进行"爱国主义、社会主义、集体主义"教育，引导大学生做"三个代表"重要思想和科学发展观的实践者。

2. 品牌性

校园文化活动主要包括学术活动、艺术活动、体育活动、公益活动，既包括有组织的大型活动，也包括基层、班级以及个人开展的小型文化活动。校园文化活动形式多样，内容丰富，但一定要形成品牌，彰显特色，以期在广大学生中产生强大的凝聚力和影响力，使"文化育人"得以可持续地进行。

3. 导向性

不同的校园文化，引导学生向不同的方向发展，发挥先进校园文化的思想政治教育功能，离不开积极健康的校园文化对师生言行的引导。在开展校园文化活动的过程中，为了达到既定的目的，需要一系列规范约束学生的言行。符合规范的行为，就会受到肯定和鼓励；背离规范的行为，则会受到否定与抑制。通过规范与激励机制，

保障校园文化活动的正确导向，营造积极向上的氛围，引导广大学生追求真、善、美，抵制假、恶、丑。

4. 创新性

开展校园文化活动，需要与时俱进，在继承传统的同时，也离不开形式和内容的创新，从而培养学生的创新意识、创造能力。校园文化活动由学生自主组织、参与，形式多样，内容不限，能有效地活跃人的思维，增强人的想象力，有利于增强青年学生开拓创新的素质。

（二）"走下去"应做到活动具有全面性、实用性、娱乐性

1. 全面性。要注重校园文化活动的全面性，组织全员参与。在校园中，有两种人很容易受到别人的关注：一种是学习好或是在某方面有特长的学生，另一种是所谓的"问题学生"。他们是校园文化活动经常面向的对象。事实上，大多数学生既没有干部头衔或者某种特长，又没有什么很突出的心理或是品德问题。从心理学的角度来看，这些学生最需要参与到团体活动中，抓住表现自我的机会，他们当中很多人感受到苦闷和迷惘，只需要一些机会在某个场合说说或者只需要有人在旁边稍做疏导点拨，即可排解。因此，开展校园文化活动时不应该忽视这些学生。

2. 实用性。高校毕业生就业制度的改革，使大学生的就业问题越来越成为一个社会性焦点问题，许多高校在校园内举办模拟证券交易所、模拟人才招聘会等极富社会信息量和实用性的活动，取得了良好效果。同时，关于出国的信息、考研的信息等也是在校大学生关注自身发展的需要，校园文化活动必须围绕他们的这些需要开展。

3. 娱乐性。举行具有一定娱乐性质的活动，可丰富校园文化生活，同时也是对健康生活方式的一种倡导。这类活动应在量上适度控制、在质上追求品位。这些娱乐活动的举办能起到很好的凝聚作用。同时，应充分利用娱乐类活动的广泛参与率，加强活动的内涵化建设，寓教于乐。

（三）"走出去"应做到以积极的态度应对形势的变化，根据社会的发展调整工作的方式与节奏

1. 改变工作方式，敢于走出校园。广纳社会信息对校园文化活动的充实与发展至关重要。走出校园，我们应首先立足于校校联系，加强与其他高校在校园文化活动方面的交流，取长补短，共同发展。同时，校校联合举办活动也有利于扩大影响。

2. 树立市场意识，敢于自我宣传。今天的高校正逐渐走向市场并成为竞争主体，同样面对供求关系与优胜劣汰等市场法则的严峻挑战。不少高校意识到自我推销与宣传的重要性，而校园文化活动在这一方面则具有独特的职能优势与资源优势。它可通过举办活动、媒体报道等多种途径，面向社会广泛展现校园风貌、学生风采，从而为提高学校知名度做出有益贡献。

3. 发挥职能优势，引进社会资金。校园文化活动尤其是学生活动的资金保障必不可少。除了正规渠道的拨款，我们应注重引进社会资金，如举办赞助性活动等。开发、利用社会资金，要符合市场经济及校园文化活动自身发展的要求，即商家市场宣传与企业利润需要与学校精神文明建设和校园文化需要有机结合。以赞助性活动为例：一方面，我们应承认和尊重商家的实利主义思想，在市场经济条件下，赞助性活动并非纯公益性活动，也含有一定商业合作行为，商家希望通过投入资金、物品获得活动冠名权、宣传权等实际利益，以扩大企业影响；另一方面，校园文化活动中引进社会资金毕竟不是纯商业行为，我们不能以原则做交易。对于校企双方合作的项目，必须保证其公益性、健康性、安全性，要确保能有利于学校精神文明建设和校园文化建设，这是引进社会资金的基本原则。

三、开展校园文化活动应处理好的关系

（一）要处理好艺术性、娱乐性与教育性的关系

艺术性是校园文化活动质量的重要衡量标准，娱乐性是校园文化活动扩大参与

度的重要方面，教育性是开展校园文化活动的首要目标。缺少了艺术性，校园文化活动所追求的育人功能便是空洞的，不能与广大学生产生情感共鸣，其影响不能久远；缺少了娱乐性，校园文化活动的学生参与度就会大打折扣，影响面有限；而缺少了教育性，校园文化活动则失去了其根本意义。虽然不同的校园文化活动在形式方面可以有不同的侧重点，但对三者不能厚此薄彼，而应追求艺术性、娱乐性、教育性的辩证统一，将这三者很好地结合在一起。

（二）要处理好"质"与"量"的关系

没有一定"质"的校园文化活动，不会产生强大的凝聚力，也不会达到育人的作用，而如果一味追求"高质量"的校园文化活动，由于资源短缺、经费有限，高校又很难做到。另一方面，没有一定"量"的校园文化活动，不能满足大学生多元的、全方位的文化需求；而过"量"的校园文化活动，势必影响正常的教学活动，背离了大学教育的初衷，其质量也得不到保证。因此，组织开展校园文化活动时，应注重"质"与"量"的平衡，既要有精品意识，提高校园文化活动的品位，又要结合实际情况，丰富校园文化活动的形态，使"阳春白雪"与"下里巴人"各得其所。

（三）要处理好传承与创新的关系

每所高校在其办学历史中，都会沉淀一些需要传承的、传统的校园文化活动形式。许多传统的校园文化活动传承至今，从未间断，由于学生参与积极性高，得到了很好的传承。校园文化活动在传承传统的同时，如果不能勇于创新，做到与时俱进，就会流于形式主义。不会传承，意味着背叛，文化也就缺少了积淀，缺少了底蕴；不会创新，校园文化活动则会丧失活力。校园文化活动的形式需要创新，传承的传统校园文化活动的内容也需要创新。只有这样，才能紧跟时代步伐，才能最大限度地调动广大同学的参与热情，才能真正让校园文化活动迸发出蓬勃朝气。

第四节　学校变革分析

一、学校变革概述

我们进入了一个新的时代，科学技术迅猛发展，特别是数字化、人工智能的发展，正改变着人类的生产活动与生活方式。

教育是为未来社会培养公民。因此教育必须适应科学技术的变革而引起的社会经济的变革。今天的大学生生活在变革的时代，他们的生活方式和思维方式已经大大不同于上一代人。因此，对他们的培养方式也必须有所改变。

信息化正在改变着世界，也改变着教育。信息化最大的特点就是虚拟化、开放性、互动性、全球性、个性化，这几个特性在我国的教育里面还不够明显，信息化进入学校还没有达到深层次。尽管信息全球化会引起教育手段的重大变革，但最主要的变革是把教师的"教"转变为学生的"学"，最根本的变革还是把"教师教""教师传授知识"变成"学生学""学生自己学习"。学校的任务、教师的任务是为学生营造一个自主学习的环境，引导学生自己去探索、去研究，去提出问题、解决问题，从而培养学生的创造思维和创造能力。为此，学校应通过具体的教学行为及改革，探究并且开发深层次的价值观、教学观、学生观和教师观，将视野拓展到学校制度及深层次的文化观念上，进而主动开发学校文化系统中蕴藏的思想智慧。进入该阶段后，学校就可以创建学校层面的特色化、优质化的系统资源，从学校发展目标到学生分阶段培养目标、从课程教学质量标准到教师素养结构、从团队创新机制到信息化平台建设等方面，形成一套特色化的改革创新标准。这样的学校会在稳健运行的基础上形成持续并且充满活力的长效机制。

二、学校变革发展的特点分析

（一）学校变革是一个多维关系的综合互动过程

学校与社会各个部门之间存在着多维的联系，比如，学校与教育行政部门、教育科研部门，学校与周围社区，以及学校与家庭之间都有着复杂的关系。当代中国独特的历史、文化，独特的发展方式与发展战略，都与学校变革有着多样的关系，前者不仅仅提供着社会的需求、学校变革的条件，同时受到当前学校变革质量的内在制约。此外，学校内部的制度、文化、日常生活之间也有着多维的关系。学校变革的过程，就是不断改变、完善现有制度、文化与日常生活的过程。

（二）学校变革是一个多元主体的多维互动的过程

学校变革的主体是"一"与"多"的统一。学校中的每一位成员都具有成为学校变革策划者和参与者的可能，其行为、态度、日常生活实践内含在学校变革之中，因而会被学校变革吸收、容纳，并且成为学校变革不可忽视的成分之一，对学校变革产生着重要的影响。为此，对学校变革的介入与研究，就不能不关注学校变革主体的多元、多样、多数，其中的每一位个体，都是"多"中之"一"。

学校变革并非个体间纯粹的交往活动，还是一种教育价值实现的活动，一旦我们深入具体的学校变革之中，我们会感受、体验、认识到学校变革主体极大的丰富性，会意识到学校变革主体之间互动的复杂性。这些关系因为多元而独特，因为不同而能够相互滋养，因为互动而不断处于变动之中。

（三）学校变革还是一个动态生成的过程

在当前，无论是学校教育中具体学科的改革，还是学校教育中具体领域的改革，都是学校变革的有机构成之一，但不是全部的学校变革。自觉的学校变革，必须直面学校"整体"，综合处理学校内、外的各种、各类关系，整体把握学校发展中的当前问题，在深度分析学校变革的基础、现状与发展可能的前提下，形成整体的学校发展目标。从动态性来看，学校变革处于动态过程之中。学校内外各种影响因素本身的复杂性、相互关系的丰富性，使得学校变革过程永远处于变动之中，各类可控的、不可控的及内部的、外部的影响因素会不断出现，其作用的方式与力度会出现变化。不确定性充满学校变革的过程。

三、学校发展的变革策略

（一）以学校变革和发展的理论为指导

我们需要以学校变革和发展的理论来指导实践，因为理论可以帮助实践者描述以及解释在组织中组织行为的规律性，提供组织生活动力的基本原理，使学校实践者受益；可以提供变革分析的一般模型，为决策和在变革的不同阶段产生的问题提供可选择性的解决方案框架。

（二）多水平的领导构建，给教师授权和行动的民主权限

教育领导应该是一个超越个人、角色和行为的概念，属于教育组织内的任何一个人——教师、行政人员、家长和学生——都能参与领导的行动。它是一种交互影响的历程，这种历程使得教育组织中的参与者能够建构意义，并且因此导向学校教育的共同目标。因此，要建立一个延伸的教育领导概念——教师领导，给教师赋权和行动的民主，使教师不仅仅觉得自己有权发动变革，而且能在教学工作中发挥自己的创造性。

（三）以学习型组织理论为指导，建立本土化学习型学校

从长远上来说，学校变革和发展最终是归向于学习层面的。管理架构的改善和学校文化的培育，应把发展的重点集中在建立本土化的学习型学校上。每个学校都有自身的文化与发展脉络，每所学校由于其历史、人事和领导背景等因素的独特性，

在构建学习型组织过程中所采用的策略自然会各不相同，因此学校所选取的改进计划应配合其需要和处境，进而形成富于个性的学校特色。学习型组织的理论具有理论的前瞻性、方法和工具的实用性和实践的可操作性，为学校的变革与发展提供了全新的发展模式，构建学习型组织将成为学校发展的趋势之一。

四、学校变革和校园文化建设

校园文化建设最重要的是教育理念与价值理想，学校的教育理念和价值理想应该为全体师生员工所熟悉、理解和实践；其次，校园文化建设也应注意凝练学校传统、校风和学风，塑造体现教育理念的校园物质文化，开展各种具有象征意义的活动；最后，校园文化建设更应注重学校各种文化建设，逐步建立起以人为本的、体现学校特色的、全心全意服务教育教学实践的管理文化。要加强学校文化建设，营造出创新型校园文化的理想氛围，使学校变革成为促进校园文化建设的舞台，从而使校园文化真正成为促进教育变革的内在力量。

第五节　新时期大学校园文化建设的挑战与机遇

校园文化是校园内所呈现的一种特定的文化氛围，它是以校园内生活成员为主体，以课外文化活动为主要内容，以校园为主要空间，以校园精神为主要特征的一种群体文化。校园文化，重在潜移默化，它如一只无形的手，指导着学生们向着健康而有序的方向发展。无论学生愿意与否，只要长期置身其中，在不知不觉中都会受到校园文化所倡导的精神、所形成的氛围的熏陶和感染，并将这种精神逐步地、不自觉地内化为个人的思想意识和行动。随着经济全球化和社会主义市场经济的不断推进，高校和社会融合得越来越紧密，很多方面也将逐步和世界接轨，如今的高校都是没有"围墙"的大学。而作为校园文化主体的大学生，对文化的需求非常强烈，观念也呈现出多元性。在新的发展形势下，校园文化正面临市场经济的影响、网络文化兴起的挑战。

一、大学校园文化建设面临的挑战

当今世界正在发生深刻的变化，我国的现代化建设正在迅速向前发展。随着改革的进一步深化，中国社会进入全面转型期，一些新的社会冲突和矛盾不断出现。同时，开放力度的加大，使国外先进的科学技术、管理科学引入，一些腐朽、西化的思想文化也随之悄然进入我国社会，各种社会文化思潮也不断涌入校园。尤其是现代社会文化传播的开放性以及快捷性，对校园文化阵地的安全性、稳定性、方向性带来了极大冲击和挑战。

（一）多元文化对主流文化的挑战

计划经济条件下的校园文化长期以单一的主流文化价值观从正面对学生进行灌输，校园文化阵地也体现出形式单一的特点，从体制上阻碍非主流文化的渗入。这种阻碍与校园文化发展所需的包容性、常新性背道而驰，使校园文化的发展受到制约。而与社会主义市场经济相适应的现代校园文化的发展，需要多元文化的渗入。

近几年，我国高等教育事业改革步伐不断加快，高校的合并和扩招成为全社会关注的一个热点，随之而来的是大学校区相对封闭的格局被打破，许多高校都拥有两个甚至三个以上的校区。校园文化是在长期的实践中积淀、凝聚、发展而成的，具有一定的历史继承性。它对学校的发展的影响是全方位的，但又是隐性的。它总是以一种潜在的、自然的方式影响着人的思想和行为。文化的认同会给人一种精神寄托和情感归属，是形成统一的办学思想和办学目标的前提。由于合并之前各成员学校都有自己的办学历史和独特的历史传统，对任何学校而言，要放弃长期形成的校园文化都是困难的。因此，很难在短时间内由一种文化取代其他文化。这就决定了高校在合并后必然会出现多种文化之间的矛盾与冲突。在这种格局下，大学校园文化将面临传承老文化、整合跨文化和构建新文化的挑战。

只有开放的校园文化阵地才可能走在时代的前列，才可能具有长久的生命力，得以延续和发展。但文化的多样性必然带来良莠不齐的结果，腐朽文化和殖民文化也对校园文化阵地趋之若鹜，对校园主流文化产生冲击和侵蚀，也腐蚀着师生的思想和灵魂，并对校园文化阵地建设的科学性和规范性提出了挑战。

（二）网络应用对传统宣传手段的挑战

传统的校园文化的来源主要是教材、图书资料、报纸杂志及长期以来的思维方式、行为习惯。文化传播在这些文化阵地上具有一定的滞后性，学校可以根据其是否符合社会主义办学目的和方向、是否属于先进文化范畴加以取舍，然后再有选择性地对师生开放。因此学校对校园文化的方向是能及时加以控制和把握的。然而，互联网在校园内的广泛使用，使文化的传播方式不是单方向的灌输传播，而是立体的传播。来自不同国家、不同价值观念的声音都在这里汇集、冲撞，每时每刻都快速传播着各类文化。在这些文化中既有对社会主义拥护的声音，也有颠覆社会主义的声音；既有先进文化的传播，也有腐朽文化的侵入。在这一立体的文化阵地中，作为校园文化主导力量的学校很难在网络技术上、文化规范方面加以及时控制，这就对校园网络中文化传播的社会主义方向的把握提出了挑战。

当代大学生处在一个充满生机与活力的大变革时代。墨守成规、经年不变的事物往往被青年抛弃。而大多传统的校园文化阵地由于本身的建设缺乏新意，内容单一，形式单调，师生的参与性低等原因，乏人问津。如板报墙只是粉笔字写得好的学生的展示墙，标语口号叫得最响却脱离学生的生活实际，内容千篇一律，都是学校统一要求的内容，缺乏创新和与众不同的表达形式，也越来越被广大青年忽视。曾经火爆一时、吸引广大青年积极参与人际交往的校园舞会也日渐受冷落。而实际上，这些传统的校园文化阵地依然可以成为传播先进文化的重要阵地，但如何发挥其有效的传播作用，对进一步加强校园文化建设提出了挑战。

网络文学的兴起也给大学校园文化带来了挑战。随着大众审美文化的崛起、兴盛，高雅文化遭遇到了前所未有的挑战。不少青年学生对社会上的流行文化如数家珍，却对经典的、高雅的文化知之甚少。拿校园文学写作来看，20多岁大学生的文学创作在很大意义上取决于一种青春激情，需要他们有强烈的求知欲，有跃跃欲试表现自我的勇气，但由于人生阅历浅、社会经验缺乏，现代大学生对世界和生活难以有独到的把握和体会。校园文学作品多以"爱情"和"乡愁"为主题，写得婉约、柔美、虔诚，这与他们远离家乡和亲人有关，但不少作品明显受流行艺术特别是我国港台流行歌曲、言情小说的影响，充斥着"为赋新词强说愁"的矫揉造作、无病呻吟和风花雪月。如今，网络写作又逐渐成为校园文学的一种时尚，不少学生在网络这个虚拟空间抒发自己的情感，但由于网络写作具有随意性和娱乐性，其作品大多只具有文字游戏意味，很难凸显深度思考。大学校园文化将面临大量庸俗、低俗、颓废的文化侵入校园的挑战。

在信息化浪潮的推动下，上网已经成为大学生的生活方式和校园时尚。网络文化信息的开放性、资源的共享性、环境的无序性使传统的文化受到严重的威胁和挑战，主要表现在以下两个方面。一是网络文化影响了校园文化主体的生活方式。网络在为校园文化主体提供新型的学习方式的同时，也使相当一部分学生沉湎于网络世界，荒废了专业学习。甚至有的学生对参加其他集体活动不感兴趣了，这冲淡了校园文化主题的教育意义。二是传统的校园文化内容受到网络文化的强烈的冲击。网络媒体的出现令校园文化原有的稳定格局改变。由于网络信息基本无法得到有效过滤，各种社会思潮、不同政治见解往往在网上激烈交锋，一些消极信息和不良语言也会在网上畅通无阻，造成了严重的信息污染。然而，我们对网络文化给校园文化建设带来的强烈冲击的研究不够，也未找到有效解决的办法。

（三）对人文精神培养的挑战

当前大学校园文化建设中还存在许多问题，表现为过分注重物质文化建设而忽视校园精神文化建设、管理不够、缺乏个性、校园价值观存在冲突等，主要表现在以下几个方面。

高校校园物质文化是校园文化的外在标志，其核心内涵是校园文化中的精神文化因素。建设校园物质文化不是目的，而是手段。但是，校园文化建设的现状却背离了这一宗旨。有的学校甚至把校园文化建设及其意义等同于丰富学生的业余生活，一味强调发展娱乐文化。评价校园文化建设的成就时，对单纯的物质文化建设津津乐道。离开了校园精神文化建设，单纯的物质文化建设就失去了文化建设的意义。精神文化建设隐含在物质文化建设中，它是校园文化建设中实质性的根本性的组成部分，是校园文化存在的价值意义。忽视精神文化建设，校园文化建设就只能流于形式。目前，绝大多数学校都把校园文化建设附属于学生管理部门，着重强调控制功能、导向功能、凝聚功能以及改善生活、学习条件的物质功能，只把校园文化建设看作教育教学活动的管理方法和管理手段。有的学校没有把校园文化建设放在整体办学方向和培养目标的大背景下来操作，甚至把校园文化建设等同于对学生的思想政治教育或者等同于学生业余活动的开展，从而使校园文化建设局限在学生管理和思想政治教育的层面上；有些学校把校园文化建设与学校的专业设置、师资配备、课程开设等割裂开来，极大地限制了校园文化功能的发挥。这种把校园文化局限在学生管理与思想政治教育的层面上的校园文化建设，目前在许多学校还普遍存在。

大学校园文化阵地只是一个工具，其建设的目的是为社会主义先进文化传播服务，为社会主义建设服务。其本身是达到目的的重要手段，具有功能性作用，而非目的的最终指向。而校园文化阵地科技含量的提高，强化了阵地建设的物质形态功能，却忽视了校园文化阵地本身的人文精神内涵，使阵地建设的意识形态功能被弱化，最终导致青少年崇尚科学技术的实用性，却很少着重去培养自身的人文素养。而人文素养的缺失，使我们部分青少年以物质享受为主要的人生目的，缺乏对社会的责任感，对国家民族的使命感，更不可能树立远大的理想信念。因此，如何弱化以阵地建设为终极目的的意识，强化阵地建设的功能意识，成为一大挑战。

当前大学校园文化建设的主体既包括教师，也包括学生。教师和学生既是校园文化的承载者，也是校园文化的建设者，更是校园文化创新精神的体现者。校园文化阵地建设在当前时代需要的就是具有创新精神、心理素质好、具有良好的文化底蕴素质的主体。而在紧张的学习、生活和工作中，师生面对功利化、利益短视化倾向的影响，只注重一般科学知识的学习和掌握，即"快餐式"文化，而忽视对个人的文化底蕴、心理素质的提高。这使得师生在面对多元文化时缺乏正确判断和取舍的能力，面对不良环境的渲染时缺乏调控能力，面对挫折时缺乏承受能力。因此，当前时代的校园文化阵地建设对主体的素质水平提出了挑战。

（四）对高校校园现存文化价值的挑战

校园文化建设一经开展，便在全国掀起了一阵热潮，但从实施情况来看，多是大同小异，很少形成自己的特色，效果不容乐观。"勤奋、创新"之类的校训比比皆是，暴发户式的校园排列格局让人难以产生美的感受，这些都不利于学生个性的培养和塑造。学校形象的塑造是一项创造性的活动，它要求学校管理者根据学校的内部条件和外部环境给学校的形象准确定位，借助于各种物质的和精神的载体，创造出具有鲜明个性特征的独特形象，以其独特的魅力吸引受教育者和社会的关注。具体来说，学校可以在建筑布局、绿化、宣传、校服、校徽等方面体现自己的与众不同，构成一种特定的文化氛围，显示出学校的个性特点。

社会主义市场经济体制的确立和逐渐完善，对我国经济社会发展产生了重大而深远的影响，也给人们的思想观念和价值取向带来了复杂的变化。市场经济的负面影响导致一些大学生普遍产生功利主义、实用主义思想。比如现在有一些学生把主要精力放在学生创业园的店铺里，还有一些学生将比较多的资金投到股市。当然，学校不反对学生在课外通过不同的实践机会来锻炼自己的能力，但是在功利主义、实用主义思想的冲击下，这些学生在上课的时候不认真听讲，将学生的主要任务——学习丢在脑后，同时读书无用论的思想也蔓延开来。他们只是计较现在眼前的一些蝇头小利，却不知道自己损失了更多。在这种情况下，大学校园文化不可避免地烙上市场经济的印记，将面临顺应新潮流、抢占制高点和弘扬主旋律的挑战。

在社会转型时期，面临全球化和现代化的双重挑战，校园文化受到各类意识形态和文化观念的冲击，形成激烈的价值冲突，这对学校校园文化建设提出了新的挑战。传统文化中"礼治"和"理学"的观念封闭了学生自我承认的道路，与现代校园文化中强调个体独立的民主精神大相径庭，西方文化对本土文化所建构的精神世界进行了激烈的否定，当代大学生开始丧失了支撑其生命活动的价值资源，陷入了解读东西方文化的价值冲突之中；以娱乐、消遣为主要特征的通俗文化，抑制了校园内高雅文化深邃的价值，传递以崇尚科学为中心精神的校园文化，并与以关注人的主观精神世界和价值追求为核心的人文精神激烈碰撞。这一系列价值冲突都使当前的校园文化建设陷入困境。

二、新时期大学校园文化建设的对策

校园文化作为一种潜在的隐性课程，在学生的思想品德教育和良好的行为习惯的养成教育中，具有情境性、渗透性、持久性、暗示性和愉悦性等特点。校园文化正是以它形象直观的表达形式，把思想教育寓于各种具体可感的情境之中。校园文化的教育功能正是通过学校健康向上的精神因素以及优美的物质环境所施加给学生的积极影响，如感染、熏陶，才得以实现的。

（一）进一步培养优良的校风和学风

校园文化的核心是群体主导价值观，它主要体现在学校的校风、学风之中。校风和学风是一种具有很强的感染力的潜在的教育力量，最能影响到整个学校的生活，也最能反映学校的校园文化建设水平。

1.进一步充分发挥校风感染的作用

高校要使学生产生校风趋同的心理倾向和适应校风、学风要求的自觉意识。在一个学风良好的学校里，极少有不上晚自习的现象。良好的校风是高校精神面貌的具体体现，也是高校综合实力和凝聚力的重要组成部分。要在充分挖掘学校办学历史传统这一宝贵资源的基础上，结合学校发展战略和规划，根据学校办学思想和理念，大力营造崇尚科学、严谨求实、善于创造、具有时代特征和学校特色的良好校园风气。扎实开展师德教育，积极建设优良教风。严格管理，营造良好的学习氛围，努力形成勤于学习、奋发向上、诚实守信、敢于创新的良好学风。认真研究、总结办学经验，对校风、教风、学风作出科学的文字表述和诠释。

爱国成才教育的操作，关键在于以爱国与成才为基本思想的理念在校园文化建设中的体现，即有效地提高校园文化的教育功能，揭示以爱国与成才为基本思想的理念在当前大学教育工作中的价值；反思以爱国与成才为基本思想的校园文化建设在学校建设大应有的地位，并探讨它的自身建设规律。

（1）要明确校园文化建设对于推进课题开展的重要性和必要性。校园文化是指学校这个特殊场所具有的特定的精神环境和文化氛围，是由教育者和被教育者双主体以校园为空间背景，围绕教学活动和校园生活而创制并共享的，以文化冲突与统一为表征的亚文化系统。它体现在显性课程和潜在课程（亦称隐性课程）两方面：显性课程指学校规定学生必须掌握的知识、技能、思想观点、行为规范等；潜在课程则包括校园建筑、文化设施和环境布置等有形环境，以及校风、教风、学风、人际关系、文化生活、集体舆论、心理气氛、校园群体观点和信念等无形环境。后面的这些校园精神和校园价值观等观念形态的东西是校园文化的深层结构和核心内容，对于整个校园的生存和发展都具有指导意义，是校园建设的无形资产，与学校的办学质量连接在一起，是学校可持续发展重要的要素之一。我们应当重视校园文化的建设，并努力使其育人作用得以充分发挥。

社会主义思想道德建设是校园文化建设的核心内容。学校必须从国情、乡情、校情出发，全面贯彻落实教育方针，坚持以为人民服务为核心，以集体主义为原则，以爱祖国、爱人民、爱劳动、爱科学、爱社会主义为基本要求，通过社会实践活动、艺术活动、团课党课活动等有效途径，教育广大青少年树立建设有中国特色社会主义的共同理想和正确的人生观、世界观、价值观，树立坚定的共产主义信念。进行思想道德建设上的创新应紧紧围绕发展社会主义先进文化的根本任务和校园文化建设的最终目标，也就是要培养一代又一代"有理想、有道德、有文化、有纪律"的公民。学校应开展形式多样、丰富多彩的文化活动，结合重大节日来增强爱国精神，如庆国庆的热爱祖国歌咏比赛、"七一"建党节开展的爱国爱党系列活动、喜迎党的二十大活动、庆申奥成功活动等；结合各具特色的体育节、艺术节、科技文化节、学习节等活动让全体师生充分展现自己的精神风貌和思想实质，在活动中发挥教师为人师表的作用，把思想道德建设渗透到学校教育的各个环节中去。

（2）正确处理好传授知识和培养能力的关系。能力是与活动的要求相符合并影响活动效果的个性心理特征与多项功能的综合，它主要是在个体中固定下来的概括的心理活动系统。而知识是人类在生产实践、处理社会关系的实践、科技实践以及其他实践中积累起来的经验总结和概括，包括对事物的根本属性和本质联系的认识。能力和知识是互相联系并在一定条件下可以相互转化的。知识是构成能力的重要组成部分，也是形成能力的基础；能力是在掌握知识的过程中逐步形成和发展的，而且知识本身在一定条件下可以转化为能力。能力又是进一步掌握知识的前提，它制约着掌握知识的快慢、深浅和巩固程度。在知识的掌握和能力的发展这对矛盾中，主要方面是能力的发展，因此我们在强调学生学习知识的同时，要把重点放在学生能力的提高上。

2.推动"以人为本"的核心价值观

以人的发展为本，是素质教育的教育哲学和教育理想。全面实施素质教育要求我们建设一种以人的发展为本的学校文化，这种文化是围绕着"人的发展"和"发展的人"的学校文化，是突出"人"字的学校文化：是"以人为本"的，而不是"以物为本"的，人是第一位的，物是第二位的，物是为人服务的，而不是相反的。学校的硬件建设很重要，但无论如何重要，都是条件性的、附属性的、服务性的，都从属于教育教学活动中的主体——师生，都是为师生的发展服务的；教学仪器和设备可能价值昂贵，但无论如何贵重，都是为师生的发展服务的，都是为教育教学活动服务的，当然，师生需要爱护和珍惜它们，但它们只有在教育教学活动中使用、消耗、充分发挥效率才能体现出价值。

"以人为本"的校园文化是"人性化"的，而不是"非人性"和"反人性"的：人性的基本需要能够得到较好满足，人的良好需求能够得到尊重，人的美好愿望能够得到理解和赞扬，而不是相反的。在当前的背景下，尤其需要满足的是学生休息的需要、游戏的需要、隐私的需要和尊重的需要。休息和游戏是学生的权利也是学生发展的正常需要，现在的学生是既缺少休息和游戏的时间，也缺少休息和游戏的自由和创意。与此相应，现在的多数学生不缺少爱、不缺少呵护、不缺少钱财，缺少的是尊重、独立还有保护自己隐私的权利。

"以人为本"的校园文化是"人文性"的，而不仅仅是"知识性"的，是能够提升人的修养、品性和境界的，而不是迁就人的原始性、粗俗性和劣根性的。正如张汝伦教授所指出："通过教育传授继承下来的东西，有看得见的知识和技能，也有看不见的智慧、品位和修养，还有作为个人与国家立身、立国、立于世界上和天地间的根本道与理，终极价值与生命意义的追问与认同。关于学校文化有一个很好的比喻，就是学校是师生的精神家园，在这个精神家园中要能够体验到心理和精神舒适、愉悦与满足，而不是紧张和压抑；要能够体验富氧而不是缺氧的精神呼吸，要能够品味高雅而不是粗俗的精神食粮，要能够感受成长和发展的快乐和幸福，而不是体验成熟的焦虑和恐惧。"

3. 发挥校园文化的德育功能应当把握三项原则

首先，应把握教育性原则。古人云："百行以德为首。"人无德不立，国无德不兴。道德建设的好坏，体现着一个国家民众的精神状态的好坏，影响着一个民族事业的兴亡盛衰。道德兴，国家兴；道德兴，民族兴——这是现实得出的结论。学校是教育人、培养人的场所，校园文化作为学校教育的一部分，首先必须突出教育性特点，时时处处把握教育性原则，只有这样，才能充分发挥校园文化潜在的导向功能。要通过各种有效形式对学生进行爱国主义、集体主义、社会主义和中华民族精神教育，探求激发学生学习成才的规律，使学生的综合素质不断提高，并在形成正确的爱国成才观的基础上提高学习成绩。

其次，应把握科学性原则。校园文化建设是学校的一项整体工程，它涉及面广，需要调动方方面面的力量，学校应精心统筹，科学规划，合理安排，避免出现各行其是、相互掣肘的局面。例如，对于学生课余文化生活，一要建立组织系统，从领导机构到专、兼职辅导老师，再到学生必须环环相扣；二要根据学生的年龄、知识结构、心理特点，合理安排活动的内容，基本上形成序列，以满足不同班级、不同专业、不同兴趣爱好的学生发展的需要。

最后，应把握艺术性原则。在校园文化建设中，要有艺术眼光，要让学生通过学校的设施、氛围等，处处受到艺术的感染，得到美的享受。校园环境的绿化、美化，应努力做到四季各有特点；校园建筑的设计、景点的安排，努力做到外形、色彩和谐统一，给人以赏心悦目的感觉；学校文化活动的安排，也要融教育性、科学性和艺术性于一体，努力使活动开展得新颖、活泼、有趣，使校园文化对青少年学生产生强烈的感染力和吸引力，促使他们主动、热情、积极地参与其中，从而使他们的思想情操自然而然地得到陶冶，心灵在无形之中得到净化。

（二）实现校园文化合理化重构

校园文化重构是指高校在管理战略、组织结构、规章制度、人员和价值取向等方面做相应的调整，从而形成一种统一的新的校园文化。重构学校文化不是简单地否定学校文化，也不是简单的校园文化建设这个问题，更不是用来宣传和炫耀的资本，重构学校文化是教育理性的回归和理性的思考。原有的校园文化不会立即消失，仍然影响着师生的思想和行为。加速校园文化的重构可以使师生对新校园文化产生认同，进而促进学校人和事的融合。

1. 减少大学校园文化合并的阻力

实现校园文化重构的关键是对学校进行合理定位，形成共同的奋斗目标。开展丰富多彩的校园文化活动是促进不同文化融合、形成统一的新文化的重要手段。由于以前的每一种校园文化都有其合理性，在文化的重构与融合过程中不宜过多采用行政手段压制某一种文化，而要加强文化选择，选出优质文化，同时要寻找不同文化的共同点、结合点，吸收不同文化的合理内核，产生新的优质强势文化，最终实现校园文化的重构。高校可以通过网络平台将多校区的校园文化整合统一起来，使多个校区同时参与分享同一场校园文化活动，缩短各个校区之间的时空距离和文化差异，增强学生对学校的认同感，有效地避免人、财、物等资源的重复投入和浪费。

2. 充实、丰富、实践活动文化

学校文化是学校发展的"魂"，是学校可持续发展的不竭的动力。学校文化建设首先要求学校重新界定其办学理念和办学思想，办学理念和办学思想的确定首先要明确教育的终极目标，即实现什么样的教育，培养什么样的人才，这是学校文化建设首当其冲的最根本的要素。校园文化是一种群体文化，它体现在学校的一切活动中。现代大学生朝气蓬勃、活泼好动，死读书、读死书有悖于大学生身心发展规律。基于这一认识，走出课堂，寓教于乐，开展丰富多彩的校园文化活动，创建文明、健康、向上的校园文化生活成为新的方向。

在新课程的背景下，建立一种学习型的文化，形成教师群体学习、研究、创造的意愿和行为，建立面向实践、面向问题、面向经验的校本化的学习、培训、研修制度，是新课程所体现的新型教学文化的内涵与规定。新课程强调培养学生实践能力与创新精神，强调培养知识与技能，过程与方法，情感、态度、价值观相统一的全面发展的学生，要求课程与教学本身成为一种开放的、民主的、平等的、合作的过程和体验，从而形成学生的公民意识和素养，使他们成为有思想、有追求、有个性的人。这对教师的专业素养和综合素养提出了更高的要求，教师能否适应这样的要求，关键在于教师能否不断学习、不断反思、不断提升自己的教育教学实践能力。

教师只有首先成为全面的、充分的、有个性的人，教学才能充满智慧、个性和创新。全面提高教师的文化内涵和综合素养，需要教师个体和群体形成自主、积极、终身的学习习惯，把学习内化成为一种日常生活方式。只有建立一种学习型的学校文化，才有可能为教师的持续发展和教育水平的不断提高提供环境、条件和氛围。

引导、规范、激励全体师生的社会与学校的实践文化，绝不是表面化或强加给师生的学校文化，而是内在于师生、体现于师生行为的学校文化。学校文化有一个不断积累、不断沉淀、不断创新的过程，它原本就是基于学校传统的创造，是历代师生共同认可、共同付出、共同践行、共同创造、不断传承的过程和成果，因而师生是学校文化建设和创造的主体，也是学校文化受惠、享用的主体。

环境塑造人，文化引导人。通过丰富多彩的文化活动，营造浓郁的校园文化氛围，提升师生奋发向上的精神风貌，形成和谐的人际关系、纯正的校风，形成一种强大的感染人的力量，是校园环境建设的核心内容，有利于学生良好人格的培养和学校良好风尚的形成。因此，在搞好校园硬环境建设的同时，学校应高度重视高品位校园文化的建设，精心培育积极向上的校园文化，努力完善校园环境建设，使之与校园文化软件设计做到了相互融合、艺术组合、自然搭配。

（1）活动内容上的创新。要结合对学生的爱国主义教育、集体主义教育、社会主义教育开展丰富多彩的活动。如主题演讲、竞赛活动、班会、诗歌朗诵、歌唱比赛、为社区服务等，让学生居于德育情境中，提高自己的政治思想觉悟和政治素养。通过社会实践活动和第二课堂活动，尊重学生的个性特长和个性心理特征，使学生的创造力得到充分发挥，实现自我的人生价值，让学生感受到学习的成功和喜悦。

（2）组织形式上进行创新。要充分发挥学生在校园文化建设上自我管理、自我构建、自我教育的能力，让学生成为学习和生活的主人。在教师指导下，实现学生自我组织、自我评价、自我总结等自主能力的提高，这是学生可持续发展的需要，也是育人追求的能力目标。

（3）在评价方式上进行创新。每个人对自己的行为有自我教育、管理、评价和修正的过程。在课内外活动建设中应充分体现评价的客观性、教育性和方向性。教师必须改掉主观定论的评价语言，指导学生学会对自己的行为参照各种规章制度或道德准则进行自我评价，自我修正缺点，以提高活动的教育质量，避免因教师的主观定论阻碍学生自主性的发挥和个性的发展。

学校应开展内容丰富、形式多样、吸引力强的各种文化活动。以重大活动助推校园文化建设，如精心策划和组织开展突出实效特色、时代主题、尊重师生主体地位、增进学生身心健康的重大活动，既活跃校园文化氛围，又促进校园文化建设，努力营造"工作愉快、学习轻松"的浓厚文化氛围；根据不同时期，不定期地举办各种文化节。把学校文化建设作为一种不断实践、不断完善、不断追求的动态过程，这其实就是教育过程和发展过程，也就是教育本身和发展本身。

（三）以高雅文化占领校园文化主阵地

在加强大学校园文化建设时，可以用中国和世界的优秀文学作品武装和陶冶广大学子，以高雅文化占领校园文化主阵地，使校园文学呈现昂扬向上的主调。高雅文化是精神层面的文化，它具有很强的人文品格和精神属性，时时关注着人类的发展，思考着人类的命运，往往充满着先进知识分子强烈的忧患意识、载道意识，指向终极关怀，敢于直面人生，直面社会，关心现实的重大问题，意蕴丰富而深刻，可以通过寓教于乐，使师生在学习、鉴赏时认识社会的现状和前途，感悟人生的价值和责任，懂得做人的道理和方法。由于高雅文化在内容上关注社会的深层次问题，在形式上繁复新颖，它历来是精英审美文化，缺乏一定文化素养的人是很难接触和接受的，是要靠受过教育特别是高等教育的人来继承、发扬和传播的。如果学校特别是高校不去引导师生喜爱和学习高雅文化，那么这些宝贵的文化就会没有知音，就会失传，就会萎缩，而社会的审美文化也会因此得不到提高、繁荣和发展。

1. 发掘环境文化

学校无闲处，处处熏陶人。环境不仅是学生生活的空间，也是培养学生文明素质的载体。我们可发掘、利用校园的环境，形成浓厚的立体环境文化，使一草一木、一墙一板都能说话，都起到教育人、启迪人的作用。恰如陶行知先生所言："一草一木皆关情。"教室里、走廊上，可悬挂历届毕业生以及在校普通班、美术特长班学生的优秀作品，自己的作品被展示让学生感受到成功的喜悦。可以鼓励各年级全体学生收集格言警句，要求在爱国与成才的主题下，结合两个信念：一是只要努力学习，每个学生都可以成才；二是热爱祖国，为国家繁荣富强而努力学习。鼓励学生收集有关人格、人生观、道德观、世界观等的格言警句，每班选定名人或自编的格言警句后，经过实物加工制作分别布置在教室内外。这些格言警句将会对部分同学起到一定的激励作用。哲理隽语让学生体会，凡人小语使学生共鸣，名人名言叫学生醒悟。学校可将原有的宣传橱窗留出一半作为爱国成才教育的专栏，定时更换其中的内容，使学生和老师们养成课余时间看专栏的习惯。学生生活在这样一个健康的、蓬勃向上的文化氛围之中，心灵自然被荡涤，思想必然升华。

2. 修炼大学生礼仪文化

礼仪，作为在人类历史发展中逐渐形成并积淀下来的一种文化，始终以某种精神支配着每个人的行为，是人们适应时代发展、促进个人进步和成功的重要途径。它不仅可以有效地展现一个人的教养、风度和魅力，还体现出一个人对社会的认知水准、个人学识、修养和价值。《论语》中的"不学礼，无以立"已成为人们的共识。

礼仪修养体现了一个人的基本素质，同时也是一门综合性的学科，与伦理学、心理学、公共关系学等学科关系密切，与道德、宗教、习俗、民族等的关系也十分密切，因此决不能将礼仪教育与个人修养割裂开来，就礼仪谈礼仪，而应该全面向大学生（特别是理工科大学生）开展人文素质教育，改变大学生"有知识无文化""知书不达理"的现状，真正实现"腹有诗书气自华"。同时，有条件的高校应考虑设置专门的礼仪课程，利用课堂普及礼仪知识、加强礼仪训练。

健康的、高雅的交际方式和能力是现代大学生必备的素质之一，如怎样处理同学间的关系，怎样处理师生关系，怎样处理与父母的关系，怎样认识爱国与成才的关系，等等。高校应优化学校人际环境，开展尊师爱生活动，建立起良好和谐的师生关系。同时，发挥班级环境的熏陶教育，如发挥学生的主体作用，使师生共同营造良好的人际环境，包括班风、学风、集体舆论、文化氛围等，使老师和学生无论是在课堂或课后都倡导赞赏鼓励。

高等学校肩负着育才兴国的主要责任和使命，是大学生成长成才的重要环境。教师作为知识的传授者、文明的倡导者，在礼仪教育方面理应率先垂范。因此，无论是学校领导还是工作在教学一线的任课教师，无论是教学管理人员还是后勤服务人员，都要认识到自己在礼仪教育方面的重要作用，要身体力行，言传身教，不断提高自身的文明修养，真正做到教书育人、管理育人、服务育人。

（四）大学校园文化建设的理念创新

在快速开放、复杂多元、风险犹存的现代社会，在知识生产、传播、运用的周期越来越短、知识推陈出新的速度越来越快的信息时代，学习已成为各类社会组织和机构的基本社会适应行为，也成为每一个社会成员立足和生存、发展和升迁的社会适应行为。学校教育是有目的、有计划、有组织的大规模学习活动的特定时空，更应该首先成为学习型的组织，更应首先建立学习型的文化氛围，学校应成为主动学习、不断学习、终身学习的教育基地和服务中心，应不断培养出热爱学习、善于学习、终身学习的合格公民。

1.高校校园环境建设创新

环境是校园文化的物质表现形式，它往往把艺术、思想和人文精神整合在一起并体现出来。物质化的环境，能客观表现在人们的面前，让人看得见、摸得着，比较固定直观和客观实在，它的建设和管理，直接反映出学校的办学水平和办学思想；它是一个无声的课堂，对陶冶学生情操、培养学生审美观、激发其对物的情感和热爱，对学生心理素质的培养和知识的拓宽，以及对学生的成长都能产生巨大的影响。因此，校园建筑群、绿化、雕塑、精品园、活动场地的总体规划，生活区、学习区和运动区的整体布局、设计和装修配置要有所创新，符合时代发展的要求。对于品位不高、落后愚昧、质量不好、呆板单一的环境应有计划有意识地予以创新和改造，使之符合环境建设创新的三个特征。

一是教育性。先进的校园文化建设应用先进文化充实学生的文化教育底蕴。因此，环境建设的目标应考虑对师生进行爱国主义教育、集体主义教育、社会主义教育、公民道德教育，使环境建设成为德育渗透的良好载体。如在花草中嵌入伟人名人的石膏头像和名言，在校园里建立校园标志，在建筑物墙上书写名句警句，在读书廊里挂上名人书画，为广大师生创建一个文明、高雅、进步的校园文化氛围，使师生置身于知识的海洋。德润人心，文化天下，创新使环境建设的教育性更具有生命力。

二是艺术性。校园建筑整体规划和设计布局应合理有序，让全体师生感受到这是艺术性设计的体现。平坦的操场能让师生感觉心静如水，具有平面美；独特的建筑造型给予师生美的享受；艺术化造型的绿化和鲜花艳放能让师生热爱美好的生活。这种环境建设的艺术性能净化人的灵魂，陶冶人的情操，使人更加热爱生活，欣赏世界，从而塑造学生积极的人生观、世界观。

三是情感性。校园文化建设的先进性体现在校园进步的思想、道德、文明和精神上。环境建设中物化的表现富含人的情感，高校必须进行研究和挖掘，使物化的客观实在和人的情感进行连接，产生交流和共鸣，从而使环境建设成为育人的主体之一。如在墙上写上标语，让墙壁说话；在花草树木中写上保护环境的语言，让人亲切感动；升旗台上的国歌歌词、国徽、国旗让师生饱含对祖国的热爱之情；宣传栏里的光荣栏无声地告诉师生努力就会成功；甚至一份嵌在建筑上的设计说明也能激发师生的思考并使其和建筑物进行情感交流。以往，在实际的建设规划中，人们往往强调如何保持和体现出某种设计的流派风格，而如今，从科学发展观出发，高校则应该在继承传统建筑风格和校园原有风格的同时，着重强调如何体现出学校的发展目标和办学特色、教育与教学目标、学科建设规划和学校事业发展规划等诸多元素与环节。

应该说，这是一个转变建设规划立足点的问题。具体来说，高校校园及其建筑的品质，不仅要体现出特定的地域性、历史性、文化性、艺术性等氛围，还要体现出人才培养对环境的优化。这些体现就是校园规划建设理念的创新。同时，在校园规划与建设中，我们还应具有对内、对外的开放意识，突出公众参与理念、特色理念以及人文关怀理念，突出高校的办学特色和办学理念。

2. 高校校园实践活动创新

社会实践活动是大学生参与社会主义市场经济建设，促进教育改革引导大学生健康成长的有效途径。通过社会实践活动，可以引导青年学生了解社会，了解国情，坚定走中国特色社会主义道路的信念；可以引导学生增强责任感和使命感，树立正确的世界观、人生观、价值观，提高学生的综合素质；可以充分发挥学生的知识和智力优势，培养学生的劳动观念和奉献精神，使其增长才干，完善知识结构，有利于对学生进行思想品德教育，增强其辨别是非的能力，培养学生优良的实践能力和良好的思想品质。学校把生产劳动和社会实践作为一项重要课程列入计划，是推进素质教育的重要措施。根据"心灵美、学习勤、能力强、特长显、视野阔"的学校培养目标，应制订以下社会实践计划。

（1）充分发挥网络对校园文化建设的促进作用。随着信息科技的迅猛发展，计算机网络已走入千家万户。大学生是新时代青年中的佼佼者，更容易接受新鲜事物，如今微博、微信的使用都已成为他们日常生活的一部分。网络是一个巨大的文化信息库，并处于不断更新变换之中，大学生可随时随地从网络中筛选有用信息。网络的特点与校园文化的特性十分吻合，它的超地域性、开放性、选择性、创造性、教育性，甚至批判性等，都对校园文化产生了十足的影响，使校园不再是一个相对封闭的场所。它不但丰富了校园文化的内容，而且拓宽了校园文化建设的途径，对校园文化建设起到重要的促进作用。在充分发挥网络对校园文化建设促进作用的同时，高校还应清醒地认识到，网络是一把双刃剑。网络也会对校园文化传递负能量，带来消极影响。许多大学生热衷于网络交往，却忽视了现实交际。网络还改变了大学生的固有价值观念，弱化了大学生的道德意识。因此，我们必须引导大学生在张扬个性的网络环境下把握好分寸，掌握好尺度，形成良好的网络道德风尚。

要培养一批专兼职结合的网络德育教学工作者队伍。高校中承担网络德育教学工作的，大多是专门的德育工作者，具有丰富的课堂教学经验，但是，其中的相当一部分老师只具备简单的网络技术，在内容准备上也只不过把原来的课堂教学照搬到网络上，根本没有依据网络德育教学的特点来设置，导致网络德育教学没有特色，甚至枯燥乏味。因此，学校应重点培养一批专兼职结合的德育教学工作者的队伍，确保参与德育网络教学的必须是能够适应网络文化、具有网络文化创新能力的高校教师，并组织有关专家，开设一些上网引导课，让大学生懂得在互联网这个知识宝库中到底能做些什么，以及如何利用网络获取、使用与自己的专业相结合的信息等问题，同时，兼职的网络德育工作者还应和校内的网络红客、网络评论员一起，在校内论坛上就热点问题进行主动导帖，积极跟帖，及时发布正面观点，及时引导网上舆论，切实有效地全方位提高网络德育教学的质量。学校凭借这支工作队伍，可以建立功能完备、多级防范的网络管理体系，坚决删除"黄色的"，着力疏导"灰色的"，积极营造"红色的"和"绿色的"校园网络文化环境。

为提高健康高雅的校园网络文化对于学生的感染力和影响力，进而达到提高学生综合素质的目的，可根据学生的专业特点和兴趣爱好，开展电脑网络知识大赛、电脑软件展示大赛、电脑技能大赛、个人主页大赛、电脑美术设计大赛等，使科技活动在信息领域不断地深化和拓展，以培养学生的创新精神，提高学生的创新能力。同时，通过引导学生参与网络文化建设，使他们对网络生存方式和现实生活的关系产生正确认识，发挥网络文化的教育功能。另外，还可通过组织 IT 校园行、网上冲浪等活动，丰富同学的课余文化活动。在活动开展过程中，特别要注意网上网下结合，利用校园网络这一功能强大的宣传媒体，为传统的校园文化活动渲染气氛、报道活动情况，使校园文化活动质量更高，使传统的校园文化活动焕发新的生机。要加强对网络信息的监控和舆情分析。面对浩如烟海、良莠不齐的网络信息，进一步建立完善的管理规范，依靠技术手段对各类不良信息进行技术把关、过滤。如对校园网上可能出现的过激言论及时给予纠正和引导，针对一些热点问题要善于从学生的视角、以学生的观点、用学生的语言提出正确的见解，从而实现对大学生网络学习的正面引导。

（2）大学生社会实践活动的管理创新。学校应成立以校长为组长的社会实践活动领导小组，对全校学生开展社会实践活动进行统筹协调、督促指导、考核评估，宏观管理学校社会实践活动工作。要建立社会实践活动管理的长效机制，定期研究、处理班级反馈的信息，做好社会实践活动的时间、课程设置和指导考核等工作。学校要组织教师、学生开展社会实践成果的展示和交流活动，帮助师生把各种成果和建设性意见推荐给区教育局，让学生感受学以致用的快乐，鼓励和保护学生参加社会实践活动的积极性。班级要建立社会实践活动工作网络，吸纳有意愿的大学生参加，建立健全组织管理机构。主动与学校所在地的纪念馆、商场、企事业单位、社区等取得联系，通过多种渠道和形式，建立一个相对固定、便于学生开展活动的社会实践活动联系点，为学生的发展提供广阔的空间和必备的条件。要主动向大学生宣讲开展社会实践活动的意义，争取学生对此项工作的支持和配合。

3. 高校校园制度建设创新

校园制度建设是校园文化建设的重要组成部分，是学校对人的教育教养及塑造的规章制度。它规定了校园里的人什么样的行为和思想是该做的和不该做的，什么是提倡的和反对的，什么是该奖励的和该惩罚的。它包含各种行为、规章、制度、规定，如《教师职业道德》《教师年度考核细则》《学生奖惩规定》《教育教学科研制度》等，制度建设保证了校园生活的各个领域活动能有序地进行。因此，在新形势下校园制度建设必须创新，以适应当今社会的发展。创新校园制度建设，必须体现先进性和群众性的要求。

人的行为方式要适合社会的发展。由于思想认识层次的不同，不同人的行为表现也有所不同，因此，制度建设要体现社会先进性的要求。如尽管在行为规范中没有明确网络方面的行为规范细则，但对于未成年人上网现在国家有关法规已明令限制。学校对新的生活行为方式应在制度上予以规范。学校在校园文化建设中应适应时代的要求，精心计划和设计，提出学校的近期、短期、远期发展规划，明确学校发展的方向，树立起学校全体师生的共同目标、共同理想和共同思想观念，促使校园制度建设的提升，从而使其具有时代发展的先进性。

（1）加强校园制度建设进程中的群众参与性

学校在校园制度建设进程中要加强群众参与性，与师生互动，充分发扬民主精神，体现群众性的要求。例如规章制度可让师生参与制订、修改、充分酝酿和讨论，然后形成初稿，再征求意见，最后讨论定稿；有关学校整体管理和教师管理的制度可提交教代会表决通过；有关学生管理的制度可交学生代表大会讨论表决。一个制度的形成集中了每个参与者的思想认识，是其自我提高的过程，使其经历了是非分辨，从这个意义上来说，制度制定和执行的过程也是一个文化建设的过程，对强化育人功能和提高师生执行规章的自觉性有着重要的意义。制度建设群众性的另一方面是制度实施的群众性，学生日常学习、生活的管理者应充分发挥学生自我管理的作用。如在校园卫生检查、仪表仪容、课间操和黑板报评比及文明行为规范检查等活动中，可有计划、有目的地组织学生担任校值日生、班级轮值班长等，为学生创设自我教育情境，使其进行自我检查、自我考核、自我评比，提升校园文化建设的新层面。加强校园文化建设和优化育人环境还需要学校、社会、家庭的密切配合，只有大家都重视校园文化建设，以人为本，环境育人的功能才会得到真正加强，学生才能真正健康地发展。

学校工会有着组织开展群众性活动的优良传统，可以通过组织开展劳动竞赛、合理化建议、教学基本功比赛等活动来激发教职工的建校爱校热情和劳动积极性。工会应积极主动地把自己浅层面的文化活动纳入校园文化建设的系统工程之中，有目标、有步骤、有秩序地参与校园文化建设，并在参与中履行职能，发挥作用。高校要把教职工个体素质的提高和整体素质的优化作为校园文化建设的根本。就校园文化建设来说，以人为本，就是要以提高教职工素质为基本出发点。根据教育改革和全面实施素质教育的新形势，工会要积极配合有关职能部门做好教职工的思想教育工作，努力用"三个代表"重要思想武装教职工头脑，通过深入开展党的基本理论、基本路线、基本纲领的教育活动，开展爱国主义、集体主义、社会主义和艰苦创业精神的教育活动，不断提高教职工的思想政治素质，引导教职工树立科学的世界观、人生观、价值观，增强其主人翁责任感。要进一步加大对教职工执教的教育和培训力度，通过积极开展岗前培训和基本功竞赛等活动，提高教职工的业务素质和能力，引导教职工为学校发展多做贡献。

要积极开展群众性的文化体育活动，丰富教职工的精神生活。开展健康向上的文化体育活动，创造良好的文化氛围，激发教职工的工作热情，增强凝聚力和向心力，是校园文化建设的重要组成部分。要督促和推动学校加强文化体育设施的建设，进一步完善和充实"教工之家"、文化体育场馆、教工阅览室和教工活动室等阵地，开展丰富多彩、生动活泼、教职工喜闻乐见的各项文化体育活动，使工会组织文化体育活动的功能得到更有效的发挥。通过开展"教工小家"建设等活动，努力把群众性文化体育活动开展到院系基层单位，扩大教职工的参与面，使他们在活动中丰富知识，陶冶情操，放飞心情，活跃生活，从而使校园文化的基础得到加强。

（2）加强民主办学建设创新

一要努力探索民主管理模式，不断提高学校管理效能。要充分发挥教师、学生、家长和社区在学校管理中的民主参与和监督作用，形成多元的学校管理模式。要积极调动教师的主人翁意识。学校要利用校园网络及其他途径让教师知晓学校发展规划、学期工作计划、周工作安排，及时了解和掌握学校工作动态，并通过与学校领导对话、座谈会、教代会等形式，对学校各项工作提出建议，为学校的发展献计献策，形成共商共议、和谐共荣的管理氛围。

二要发挥团代会、学代会及学生自主管理委员会的作用。要认真落实学生提案，充分调动他们参与学校民主管理的主动性、积极性。完善值班制度，发挥学生自主管理的积极性。定期召开家长委员会会议，听取家长意见。家长委员会的代表每年都要参与学校毕业班评优工作、学校规范收费工作，参与学校安全设施的检查。每学年开设家长开放日，让家长深入课堂，了解课堂教学的现状，并及时召开座谈会听取家长的反馈意见。

三要广泛利用校外资源，为学校的发展提供外部动力，拓宽学生社会实践的渠道，使教师的课堂设计更加精致，使学生的学习主动性更强，同时要坚持下去以收到理想的效果。

四要坚持以教代会为基本形式的学校民主管理和民主监督制度。每年，教代会都要审议通过学校的财务报告和重大决策。应不断完善学校管理机制，实行"阳光作业"，增强管理透明度。

五要加强制度建设，坚持依法治校。学校要认真制定并严格执行各项管理制度，坚持依法治校，提高教职工遵章的自觉性；努力探索理性管理与人性化管理的最佳结合，不断向精细化管理方向发展，进一步规范、优化学校管理。建立科学的激励机制，认真实施事业单位人事和分配制度改革，确保改革平稳有序地推进。经过反复讨论、征求意见，完善与学校民主管理相关的各项规章制度，形成公平、公开、公正的考核评价机制。每年的教师考核评优和各种推优工作，都应采取自下而上、公开、民主的推选方式。专门成立校务公开工作的领导小组、工作小组和监督小组。每学期定期召开会议，就学校的管理和发展，在教职工中开展合理化建议征求工作。

第二章　校园物质文化建设管理

第一节　校园物质文化概述

一、高校校园物质文化的相关概念

（一）物质文化

物质文化是指为了满足人类生存和发展的需要所创造的物质产品及其所表现的文化，包括饮食、服饰、建筑、交通、生产工具以及乡村、城市等，是文化要素或者文化景观的物质表现方面。

（二）校园物质文化

校园物质文化是高校文化的一个相当重要的组成部分，它包括学校建筑及其造型、颜色、布局，教学工作的装备设施，校舍的大小，教室的空间安排，花草树木的种植，教职员工的服饰以及校旗、校徽、校服，等等。简单来说，高校校园物质文化是指高校建设硬件设施的配备展示。

（三）校园物质文化的内容

校园物质文化主要包括以下三个方面的内容：一是优雅的自然环境文化，主要是指校园选址恰当、建筑布局合理、校园绿化、环卫净化等；二是完善的设施文化，主要是指教学办公设施、科研实验设备、图书馆、网络系统、后勤生活装备等优质、齐全；三是积极的文化方式，主要是指特定精神文化的某些物质载体，比如张贴得体的标语、名人名言、名家名画，以及重要人物的雕塑、校园文物、校史馆等。

（四）高校校园物质文化的意义

校园物质文化的积淀体现着一个学校的历史、传统，蕴含着巨大的潜在意义。

北京大学是朝气蓬勃、思想活跃的年轻人学习、生活的场所，在这个独特的文化空间里，富有文化气息的每一幢建筑、每一个雕塑、每一个花坛、每一棵树都可能让他们驻足，并且在脑海里留有深刻的印象。北大校园留给师生的第一印象就是"一塔湖图"，未名湖岸边博雅塔的身影倒映在湖中，是每一个没到过北大的人都向往看到的图画。通过与此相似的景观，北大的校园环境通过美的可感性、可愉悦性陶冶着师生员工的情操，传递着大学的文化精神。

20世纪90年代前期，上海师范大学（以下简称"上海师大"）的校园环境并不尽如人意，校舍破旧、设备老化，校园内杂草丛生、垃圾遍地，加上地下管道老化、堵塞，一下雨就积水成潭，一刮风校园内就灰尘飞扬，严重影响了师生员工的精神状态和工作、学习情绪，也影响了招生。基于这种情况，学校领导把"土不见天，绿树成荫；花不间断，四季飘香"作为上海师大环境文化的目标和主题，力争成为上海市的花园单位。学校从绿化开始抓起，力争让校园内氧气多一些，绿意足一些，负离子高一些，逐渐形成呈良性循环的理想的生态环境，为师生员工创造一个良好的学习环境、工作环境、生活环境，使师生的身心得到健康的发展。经过三年的努力，校园面貌发生了很大的变化，上海师大不仅被评为上海市花园单位，还被授予全国先进集体。师生员工在优美舒适的校园里工作、学习、生活，感到舒适和愉快。这不仅仅稳定了教职工队伍，还吸引了众多外国留学生及国内考生。大学环境文化建设展现了特色校园的风采，极大程度上推动了学校的发展。

二、高校校园物质文化的特点

（一）传承性

在这个世界，万事万物都有着千丝万缕的联系，都不是孤立存在的，在历史上是前后联系的，也是相互依存的。高校物质文化具有历史传承的特点，它把当今文化同历史联系起来。在高校物质文化中，没有文化的传承就如同楼房没有地基。每一所高校在发展过程中都积淀了一定的高校物质文化传统，如富有个性的高校主楼就是在高校发展的过程中逐步更新改进，成为适应该所学校发展的专属形式的，它是这所高校区别于其他高校的独特的精神标志，为高校人努力拼搏、开拓进取提供了有力的精神动力。高校物质文化的建设要做到以下几点。首先，对已有的历史进行继承。我国的历史源远流长，但是现代文化在继承性方面却有不足之处，对历史建筑的保护也有所欠缺，这样就使人们对"曾经"的认识不足，从而缺乏一种归属感。其次，高校物质文化还要对已有的自然风貌进行传承。自然的一草一木，都是大自然留给高校人的瑰宝，是时刻警醒人们亲近自然、爱护自然的物质基础，有助于人们时刻牢记可持续发展的要义，时刻牢记人类文明与大自然息息相关。高校物质文化的历史传统是高校发展的法宝，通过高校物质文化，校园人将身临其境地感受教化的光辉，并对其进行继承以及发扬光大。

（二）卓越性

当今的大学生，毋庸置疑地讲成为国家发展的中坚力量和各行各业的骨干精英，大学生也必然成为高校物质文化建设的主体。这就决定了高校物质文化的建设具有较高的文化层次和道德品质，也就决定了高校物质文化的建设要比那些其他的社会物质文化更具有卓越性。而且大学是知识和高科技融汇的场所，知识渊博的人在高校中探索社会的前沿文明，运用和掌握世界的先进文化，能够精确地在高校物质文化的取舍和分辨等方面做出明智的选择，而不会像主流文化那样随波逐流，而且这些文化创造的主体也会在这样一个区域内，不断地创造出引领时代的超凡脱俗的新的产物。由此看来，相比社会主流文化，高校物质文化的格调更高雅。

（三）多元性

高校是各类文化精华汇聚的场所，日新月异的建筑、设施及异地文化的冲突影响决定了高校物质文化内容丰富、形式复杂多样的特点。高校物质文化涉及的内容多、形式丰富、领域广泛，建设高校物质文化的主体是当代高知人群，他们观念更新快、思想活跃，尤其是大学生同时具有高水准与年轻态的双重特点，他们视野开阔、思维敏捷、精力充沛，所以高校物质文化的内容充实、形式多样、创新性很强。以高校主楼建设为例，世界各大院校的主楼的设计风格多种多样。虽然有些主楼出自同一设计师之手且设计风格一致，但是在细节之处依然能够找到体现本校特点的地方。

（四）承载性

高校物质文化的承载性主要是指高校在日常的教学科研生活中形成的一种本校特有的文化氛围，这种文化氛围以校园物质文化为载体，通过高校物质文化向四面八方辐射，使身在其中的人受到感染和熏陶。由于高校的日常生活会使一些特定的区域、建筑、雕塑具有一些感染性，使人一旦身处于此就会产生热爱学习、刻苦钻研、勇于拼搏等精神，这些物质就形成了一种文化的代表，对文化就有了承载的意义，也就是承载性。

（五）地域性

高校物质文化会因为所处的自然社会环境的不同而不同。高校作为文化的先锋，会充分地融入周围的环境当中，比如北方的风格比较粗放，南方的比较细腻，高校物质文化就会根据周边的情况塑造自己。首先，人文文化是因当地的客观条件而产生的，物质文化是人文文化的一部分，也应该顺应地方的风格。其次，高校物质文化的产生是基于当地的社会环境和人的智慧产生的，其带有当地的血统，每个地区都有独到的特色。因此，各个地方的高校物质文化都包含当地特有的风格。

三、校园物质文化的功能

校园物质文化是校园文化建设的一部分，它是当代学校教育的必然产物，它在培养人才的过程中所呈现出的规范功能、心理功能、引导功能、育人功能等，为当代学生形成良好的心理品格与正确的价值观念奠定了坚实的基础。

（一）规范功能

人总是生活在一定的物质环境当中。广义的物质环境包括自然环境与居住环境。纯天然的自然环境在高校校园中已很少见，高校校园环境多为人文环境和自然环境的统一。因此，高校校园现有的物质环境无疑都浸染着浓郁的人文气息，是人和自然相互影响的结果。正因如此，高校校园物质文化对大学生的思想和行为起着影响与制约的作用。整洁幽静、错落有致的校园环境可以使学生心情舒畅、平静恬淡，全身心地投入学习和生活中，从而产生心理上的自足感、自豪感和归属感；优雅的校园环境可以给学生一种心理暗示，使他们在内心深处产生一种对优美校园环境的热爱，进而自觉保护校园环境，抵制破坏校园环境的不良行为。这样一来，学生就会逐渐形成自律意识和他律意识。

（二）心理功能

校园物质文化潜移默化的影响是大学教育一种特殊的手段和途径。一方面，优良的校园物质文化是给学生正面影响的肥沃土壤，既能最大限度地调动学生的主动性和积极性，提高其学习的效率，又能有效地促进学生心理的健康发展和良好心理素质的形成。例如合理的校园布局、凝聚历史文化及世界文化内涵的建筑、宽敞明亮的教室、宁静而带有书香气息的图书馆、整洁而舒适的宿舍、鲜花与古树相伴的校园小路、壮丽并且富有激情的运动场、色彩斑斓并且充满青春活力的学生活动中心、洁净的食堂等，不但有助于减轻或消除学生学习上的疲劳感，还能使学生感受到学习生活的舒畅、美好与安全。与此相反，低劣的校园环境对学生的心理影响是消极的，甚至是破坏性的。例如，噪声充斥、垃圾遍地的校园环境，会使学生情绪低落，产生压抑、心情烦躁、厌学甚至自卑等一系列不良的情绪。意志薄弱者甚至出现心理障碍、心理疾病、悲观厌世或犯罪等问题。由此可见，优良的校园环境就像"润物细无声"的春雨，潜移默化地影响着学生的心理，使学生能不断完善自我，达到身心健康成长的目的。在当今社会价值观念多元化、高等教育国际一体化加快的趋势下，我国的高校校园无不受到外界环境的影响，而校园物质文化可以说是屏蔽社会恶劣风气的一道天然屏障。

（三）引导功能

校园物质环境的主体是建筑。许多高校的建筑都独具风格和特色，并且彰显出历史和文化的底蕴，无言地对学生进行着思想品德教育、文化教育和素质教育，引导着学生的思想和行为。所以可以这样说，虽然校园建筑不是大学的主要标志，但如果在建设过程中赋予其特定的人文内涵，那它就会成为鲜活的课堂，并且发挥其独特的育人功能。例如，中国青年运动发祥地北京大学的红楼，会使在这里学习生活过的人无不受到它那种民主、自由、独立思考、宽容大度、追求科学创造等文化传统的影响。又如始建于1920年，在建筑上具有强烈审美感的天津外国语学院的"法国罗曼式建筑"钟表楼，以其浑然天成、优雅无比的特点，充分体现了欧式建筑的风格，对彰显天津外国语学院集世界文化之大全的特色起到了不可替代的作用。当大学生置身于这些自然和谐、错落有致、科学配置的具有深厚世界历史文化底蕴的校园中时，就会时时受到科学和人文精神的熏陶，产生热爱校园、热爱集体、热爱国家、热爱科学的思想观念以及正确的价值观、人生观。由此可见，校园环境无时无刻不对学生发挥着导向作用，并且这种导向作用不是短期的，而是长期的。

（四）育人功能

艺术鉴赏力和审美能力是大学人文素质教育的重要组成部分，而校园物质环境是培养学生文明行为和审美能力的无声课堂。蕴含着自然美、人文美、结构美的高校校园建筑群，本身就是培养艺术鉴赏力和审美能力的生动教科书。在浑然不觉中，学生得到美的享受和熏陶，其艺术鉴赏力和审美能力因而会不断提高。这是校园物质文化育人的重要功能。

第二节　高校校园物质文化建设原则

一、方向性原则

高校校园物质文化建设要牢牢把握先进文化的前进方向，坚持马列主义、毛泽东思想、邓小平理论、三个代表重要思想、科学发展观、习近平中国特色社会主义思想的指导地位，用习近平中国特色社会主义重要思想来统领、体现时代特征，建设先进的现代学校文化。要面对世界范围多元文化的冲突，大力弘扬中华民族的"以爱国主义为核心的团结统一、爱好和平、勤劳勇敢、自强不息的伟大民族精神"，开展健康有益的文化活动，不断丰富学校全体成员的精神世界，增强他们的精神力量。

二、系统性原则

系统性原则是指高校校园物质文化建设是一个系统性的工程，分为很多方面，但共同形成一个体系。这些方面各显其能，使高校校园物质文化的职能得到充分发挥。高校校园物质文化是一个整体，包括教学楼、图书馆、师生生活区、高校景观等。教学楼或者教学主楼，是高校物质文化的标志，是整个校园的"中心思想"，以其独特的风格和独到的文化影响着师生的日常生活；图书馆是一所高校的实力的见证，通过藏书能力和建造规模表现出该校的文化程度和学习氛围，师生在图书馆学习所营造出的学习氛围，对高校的文化起到一定的烘托作用；生活区作为课外生活的一个写照，是对教学区和图书馆以外生活的一种总结。"不在课堂，身在学校"是一所求知欲强烈的高校的生活区的氛围。通过图书馆、寝室、食堂"三点一线"的模式，校园文化将这些独立的场所系统联系起来。高校景观虽然与科研教学关系不大，却是校园整体的艺术规划，离了校园景观，校园就没有高校的风采，就没有自己的灵魂，就无法衬托出高校的学府氛围。此外还有很多高校元素，它们都在"系统"中扮演着各自的角色。

坚持高校校园物质文化系统性原则，就是要求我们在对高校校园物质文化进行建设时，做到整体构思、整体规划以及整体设计，在高校领导的统一指挥下，统筹规划、全盘考虑、科学布局并突出重点，努力将高校校园物质文化建设推向一个新的高度。

三、主体性原则

人是社会的主体，任何社会的发展都无法离开人的决策。高校校园物质文化建设同样也是由人做发展的推手，除了高校领导，起主导作用的人就是广大师生。主体性原则就是要充分利用和调动广大师生的爱校热情，激发他们内心的灵感和创造潜质，为高校校园物质文化建设发挥关键作用。同时，广大师生的广泛参与，能够使其思想渗透到高校的灵魂之中，从而使高校真正形成自己的特色文化。

首先，发挥高校领导的首创精神。高校的领导是高校行动的直接参与者、任务的决策者、命令的下达者，是最直接、最了解高校详情的人。高校的领导所思的层面往往高于一般人，会从一个整体且全面的角度考虑问题，会将问题放到一个战略的层面去分析，而这些都是一般人做不到的。高校的领导对高校校园物质文化建设第一个提出意见，有助于更好地引导其他人为高校校园物质文化建设献计献策，也更有助于提高整体建设效率。发挥高校领导的首创精神，能在行动上起到表率作用，鼓舞全校师生在高校校园物质文化建设上充分发挥自己的作用，具有现实意义。

其次，发挥大学生在高校校园物质文化建设中的创新精神。高校大学生是高校教育的接受者，同时也是高校的中坚力量。青年人的思维敏捷、思想丰富，具有极强的创造力，并且接受新事物快，否定消极事物果断，也具有很高的群体意识。在高校校园物质文化建设中，应该充分重视大学生的创造能力，挖掘大学生的创造潜能，让大学生自发地投入高校物质文化建设中去，使他们在实践中学习创造，在现有环境的熏陶、感染下进行再学习、再创造，把创造的成果运用到高校建设当中去。

最后，最大限度地激发教师的创造热情。高校教师是高校灵魂的缔造者，是高校文化的继承者和传播者，也是高校的主人。高校教师都是才华横溢、知识广博的学者、教授，他们对于事物的判断准确、经验丰富，而且有着很高的道德情操，这些对于全面考虑高校校园物质文化建设都是极其重要的。

四、创新性原则

创新性原则要求高校在深刻掌握社会发展的前提下，从自身出发并结合时代特征，创新自身的内容和形式，不断提高高校校园物质文化的发展潜力。创新是一个民族进步的灵魂，是一个国家兴旺发达不竭的动力，只有不断地创新，国家和民族才能更具生命力。

高校校园物质文化建设的生命力在于创新，高校只有结合自身的特点，参考别人的长处，不断地推陈出新，才能创造出不朽的生命力。一方面高校要调动广大师生的力量，充分发挥师生的创造意识，使他们将自己的学问用在高校建设中，鼓励师生的创新精神，形成有创新氛围的校园环境。另一方面，高校管理者作为校园物质文化建设的主体也要不断地创新，针对特色物质文化建设要听取多方面的意见，以及不同层面人的想法，不能仅仅局限于专业人士的思维，非专业性的思维有时也具有一定的创造性，只有广开言路、集思广益，才能收纳更多的具有特色的创新点。总体来讲，无论哪种创新最终都要向"育人"的目标过渡，最大限度地为培育优秀合格的社会人才服务。高校特色校园物质文化建设要不断地适应新形势的变化，针对新形势结合自身做出新的调整。高校文明是社会的先驱，在自身创新的同时，也要注意对社会的影响。此外，高校创新也要结合自己的历史传统，在保护优秀传统的同时，对其进一步研究思考，赋予这些古老文化以新时期的意义，让其焕发活力并且产生新的动力，为高校校园物质文化发展营造新的氛围。

五、开放性原则

开放性原则指的是高校特色校园物质文化建设不能在一个封闭的环境下进行，而应在一个开放的环境下进行。

国外很多大学对于校园物质文化建设积累了不少经验，在理论层面上有了很大发展，因此可以广泛引进国外成功的办学经验和前沿的理论，因地制宜，取其精华，去其糟粕，推进校园环境建设。高校物质文化建设既要充分表现大学的特色和办学传统，继承发扬学校传统建筑的优势，同时也应积极吸取兄弟高校校园环境建设的经验，取长补短，为我所用，促进高校校园物质文化建设的开放化、个性化、特色化。

国外许多著名的高校校园的建筑设计都具有鲜明的特色，除了在建筑的设计上创新以外，还借鉴了其他民族文化的建筑风格。大学建筑在本质上是一种文化的反映，折射出大学的特色和办学理念。其在吸收外来建筑风格的时候，核心的理念价值依旧是本民族的文化。现代建筑的各种式样，丰富了校园环境建设的内容，也增加了建筑样式选择的难度。一般情况下，大学都在努力发掘传统文化，标志性的建筑都是传统的产物。

第三节　校园物质文化建设管理分析

一、高校校园物质文化建设现状

（一）高校校园物质文化建设已取得的成果

我国高校物质文化建设已取得了惊人的成果。从建设理念到配套设施都发生了巨大的变化，全国高校焕发着勃勃生机，很多方面都有着前所未有的变化。例如，在楼体设计上基本突破了前苏联的设计局限，取而代之的是具有独特气质的前卫风格，这种鲜活理念的引入是前所未有的，对于国人眼界的开阔有着重要的意义。

绿化方面，摆脱了以往的树木绿化，引入青翠的草坪绿化，这在南方的高校是极为常见的；高校的生活区建设也由过去的完全实用主义，上升过渡到实用与美学并重的高度，一座座具有本校特色的宿舍楼拔地而起，它们不仅仅是学生居住的场所，更成为高校的一道风景；图书馆已经逐步由管理型向服务型转变，现代的图书馆不仅仅是一个借阅书刊的场所，更是一个时尚的生活区，学生可以在这里尽情地享受学习生活的乐趣；高校的实验室不再是以前单调的实验室，而是一个学校实力的象征。还有很多实例都可以证明高校物质文化建设取得的成就。高校物质文化建设取得的成就说明了党和国家对教育的重视程度的提高，从一个阶段跨入更高的层次；也说明世界已经认识到建筑具有传承文明、承载精神文化的作用。这些成果也印证了中国改革开放的正确性。只有开阔眼界，才能更好地建设、更好地发展高校物质文化。

（二）高校校园物质文化建设存在的问题

校园物质文化沉淀着历史文化的优良传统，也反映出一所学校的价值观念，尤其反映了教育目标的价值取向，蕴含着巨大的教育潜能。学生不仅仅能够通过物质景观了解到组织群体的审美情趣，还能够从物质景观中领会到特定的文化渊源，使自己的态度、情感和价值观受到潜移默化的影响。然而，当前我国很多大学的校园物质文化建设违背了大学的本质与自身的特色，出现了许多的问题。

1.局部环境个性化不鲜明

影响校园环境文化品质的一个重要因素，是校园局部环境的个性化程度。在高校中，局部环境雷同的现象还比较普遍，围绕建筑物个性化地营造周边环境，还具有较大的发展空间。

就空间维度而言，在垂直绿化、立体绿化、室内绿化方面还有很多文章可做；从季节维度而言，未能完全做到四季常绿。以室内绿饰为例，室内公共环境与室外公共环境同等重要，但常常被忽视。

2.不能因地制宜地进行建设

有的高校盲目追求效果，将不适宜校园环境的作品搬入校园。一些大学在校园环境建设中照搬外面的景观，将一些已有的景观或放大，或缩小，或原状搬入校园——这不仅会有抄袭之嫌疑，而且淡化了它的美感。文化景观重在创新，只有那些新颖、自然和符合地域环境的校园环境文化建设才具有活力，才能对大学生素质的提高发挥真正的作用。

3.忽视了大学生的心理需求

现代大学生对文化景观环境的要求除了要具有知识性、和谐性、对比性等一般审美外，还要求有新奇性、丰富性与多样性，这是因为他们追求视野开阔、思想深化的东西。比如，不能把随便做个塑像当作环境建设，而是要使塑像与高校校园的氛围相符合，其大小比例要体现美感，并且与周围环境相适应。

4.师生参与程度低

师生参与的含义，既包括师生解读和感受环境文化的行为，也包括师生建设和拓展环境文化的行为。在一定程度上，师生参与程度反映出的是环境文化的亲和力。从根本上来说，产生这一问题的原因在于学校对环境育人功能的认识还不深入，引

77

导师生参与的方式方法还不多。

5. 校园物质文化衍生品开发滞后

在社会资源的争取和发展空间的扩延过程中，大学需要不断增进自身的品牌影响力、校友凝聚力和社会融合力，在这方面，创意雅致且富有个性化的校园景观纪念品具有不可替代的效果。

6. 整体规划和组织管理水平待提升

校园的每一个点都是立体的，因而对它要有长远规划。校园物质文化的整体规划和组织管理水平，归根结底取决于设计者与管理者对环境的认知。建设人文与自然和谐共存的校园环境文化，需要深刻的文化涵养和视野。

7. 盲目耗巨资进行校园物质文化建设

一些大学不能根据学校的财力、物力来进行校园物质文化建设。有的甚至为了追求环境美观而挤占教学、科研上的资金。有些大学为了追求新、大、奇特的特点，在校园内建设占地几十亩的大广场，这样做虽然使景色壮丽，给人以视觉的冲击力，但这种壮丽往往会造成投资较大、维护成本过高的后果。

二、高校校园物质文化建设的措施

（一）提高高校校园物质文化的认识水平

建设高校校园物质文化首先要提高人们对这种文化的认识，只有认识到了它的重要性，物质文化建设才会有意义。高校应该正确处理好下列关系。

第一，要正确处理好外来文化与本土文化之间的关系。高校科研教学信息高速传递，国内外高校科教信息共享、相互交流，使得文化传播更为广泛。高校的主流人群是年轻人，对新事物接受速度快是他们统一的特点，高校可以利用外来文化作为特色文化去启发、感染年轻人。高校校园物质文化建设更要有本土文化的支持，高校诞生于本土，本土文化为本土人也为本土高校所创造，所以高校校园物质文化建设离不开本土文化。高校特色校园物质文化建设对于本土文化的保护需要特别注意两点，其一是保护校园内的古建筑，其二是对校园内古建筑要进行二次利用。

第二，要正确处理好体制变革前后文化之间的关系。一方面，在变革前，有些革命传统、优良作风都是中华民族的传家宝，代表着中华民族的优良传统。另一方面，改革开放后，新兴的适合当今社会发展的新文化、新文明也随之诞生。高校校园物质文化建设需要革命传统做理论基础。这是因为，其一，中国共产党拥有优良的革命传统，艰苦奋斗、自力更生的革命精神等无不说明中国共产党的先进性，高校校园物质文化建设需要这样的优秀理论做行动指导。其二，高校培养的是社会主义的接班人，那么在文化感染上就一定要有优秀的革命传统。中华民族几千年的历史传统中就包含着艰苦奋斗这样的优良传统。高校校园物质文化建设同样也需要新文化的支持。随着与时俱进成为新时期的思想路线，高校校园物质文化建设也要追随新的文化、新的思想。

第三，要正确处理好高校优势属性与高校主题之间的关系。一方面，高校的有些属性可以以物化的表现形式作为特色展现，而有些则无法去展示；另一方面，高校的主题是育人与科研。高校校园物质文化建设的内容可以体现优势属性，但绝对不可以拘泥于优势属性。这是因为，其一，有些优势属性是无法以物化形态表达的，只能用言辞传达，甚至是铭记于心的精神；其二，优势属性只是高校强势学科的代表，并不能完全涵盖其精神，高校校园物质文化建设应该体现高校主题。高校的存在是为了科学研究和教书育人，这两点很容易以物化形式体现，并且是最直接、最可靠的环境育人形式。

处理好这三种关系后，就可以提高人们对高校校园物质文化的认识。首先，要提高高校领导的认识。高校领导必须充分认识到高校校园物质文化是校园文化的重要组成部分，建设完美的高校校园物质文化，对于发展中国特色社会主义的先进文化、贯彻落实党的教育方针、培养优秀的社会主义接班人、推进素质教育、促进大学生全面发展、实现教育目标、进一步推动高校自身发展具有重要意义。

（二）加大高校校园物质文化的经济投入

高校建设的经济投入出现的问题主要有两方面，一是经济投入不足，二是投入的分配比例不合理。加大经济投入以及合理分配经济投入，一定会使高校校园物质文化建设发生一定的变化，具体可从两方面着手。

一是提高整体性的经济投入，对几个主体项目加大投入：①高校校园物质文化建设追求的是有灵魂的特色项目，其设计费用和建设费用都应该有所提高；②为了更好地开展科研、教学，打造"校园科技风景线"，完善各种教学设施，经费应该有所提高；③校园绿化投入的经费需要加大，增加个性化建设投入，增加具有感染力的项目投入，将校园绿化作为重点经济投入对象，加大适合本地生长的植被购买经费的投入，将校园建设园林化、公园化。

二是加大特定的高校校园物质文化建设的预算，例如，修建具有本校特色的雕塑、图书馆等，单独拨出专门经费，专款专用，形成针对性强的资金投入。建设完毕后，及时对各个方面作出总结，找出大学生的学习成绩、高校的科研业绩，以及大学的就业率与经费投入之间的关系。

（三）完善高校校园物质文化建设的部署规划

对于高校校园物质文化建设的规划问题，以下提出四点解决方案。

一是高校应该经常组织人员走访国内其他高校，交流和学习特色物质文化建设的经验；同时也要组织人员到国外知名高校参观交流，对于国外的新建筑，要及时做跟踪记录。在其投入使用后，对该校学生科研就业等情况做系统的分析，找出二者的内在联系，用科学的方法分析该方案是否适用于本校，并且及时将最新信息传到网上，以便于业内更好地交流。二是高校的领导也要组织人员学习建设规划的相关知识，只有丰富了知识，开阔了眼界，才能更好地领导特色物质文化建设。高校的领导集体应该对高校校园物质文化建设高度重视起来，在会议当中给予时间做充分讨论，并且选出经验丰富的领导专门负责。三是高校要与当地政府部门保持密切联系，时刻把握周边建设情况，以便对本校做出相应的调整。鉴于全国各地建设速度之快，高校应该每月关注校园周边的变化，提前了解市政区域规划信息，以便在校园规划设计上做出回应，尽快拿出适合校园周边的建设方案。四是鉴于现在中国风水学越来越受人们重视，且经科学证明风水学有一定的科学性，高校应适当组织人员研究中国的风水文化，提高规划层次。中国的风水学涉及的内容并不含有迷信内容，更多的是包含了美学、地磁场等科学。正确合理地应用风水学，会使整个校园从无形到有形都充满了合理性，会大幅度提高校园物质文化建设的水平。

对于高校校园物质文化建设的设计问题，要注意以下四点。一是领导要高度重视设计的实用性和其具有的美学意义。建筑的美学意义在思想传播上起着至关重要的作用，实用性高的建筑也会给人更多的亲密感，这些应该被高校的决策者重视起来。二是组织本校基建部门和设计部门，研究学习本校校园物质文化发展史，从历史的角度出发，找出可以借鉴的特色物质文化。本校的历史是本校发展方向的重要依据，因此要仔细研究本校历史，从中找出本校发展建设的规律，从权威的角度仔细研究。三是在建设之初，多招募一些国内外优秀的设计团队，为本校提供技术支持，技术上的优越性是完美建设的保证。现代优秀的设计师往往都会考虑到人的感受，人在建筑中起主要作用，扮演着重要角色。其设计往往会充分地展示建筑中的人文关怀，以及在日后生活中人的感受的变化。四是高校可以搜寻国内外更多的高校优秀设计案例，尤其是近期的古建筑改造的成功案例和节能环保型主体设计的案例。改造的经典案例是最值得我国学习的，我国由于发展速度过快，有些建筑资源被浪费，这在高校校园物质文化建设中产生了负面影响，而变废为宝不仅能解决建筑资源和土地资源的问题，更能在人们心中树立起节约的理念。

（四）增强高校特色校园物质文化建设必要性的社会宣传力度

增强高校校园物质文化建设必要性的社会宣传力度，就要向公众展示其具有的"正能量"，让公众认为其成就会给社会带来福音。具体来讲要做到以下四点：一是充分展示现有的高校校园的物质文化，加大对外宣传力度，使更多的人认识高校；二是狠抓教学与科研，通过真实的成绩来吸引公众，使之关注高校；三是利用媒体等通信手段宣传高校已有的特色物质文化和未来几年的建设目标，虚心向社会采纳建设意见，进而赢得关注；四是加强对本校的思想政治教育工作，用各种方式让本校师生和社会公众在思想上对本校的工作有一个认可，间接为高校做宣传。

除了必要的宣传，还要及时控制来自社会的负面影响。一是政府要控制商业化的高校，要限制高校内的商业承包经营；加强政府调控，统一制定校园物价；限制高校内的商业宣传活动。高校领导要高度重视高校周边的商业行为，对于不适当的经营要给予取缔。对于商业化对学生成长的危害，要对学生做心理辅导，让学生认清当下最应该做什么，如何正确地规划自己的人生，以及什么是真正的商业等。二是对于来自"楼市"的负面影响，政府应出台相关政策，限制高校在扩建上的经费支出。政府应制定合理的高校扩建政策以及科学的高校土地使用规范。政府还应正确地引导高校在这一时期的发展，使其继续保持"纯洁性"。高校要及时引导学生观看新闻，关注经济时政，充分地了解经济，从思想上对不正常的经济现象给予否定，树立正确的价值观，坚信一切终将走入正轨。三是有效地消除评级制度对高校校园物质文化建设带来的负面影响。政府要重点调整评级制度，调整经费的划拨制度，使其与硬件指标的关联相对较少，而且必须惩罚那些通过评级制度刻意去改变以"骗"取经费的高校。要让学生在思想上认识到本校的核心竞争力是什么，哪些才是真正有价值的，哪些只不过是虚名，从而对学生的价值观有正确的引导。

政府还要多制定一些权威的评级标准（如绩效评级、就业率评级等），使经费划拨制度有多个标准可以参考。为了适应高校科学的建设，评级制度的变更应当更为频繁，要适当引进社会力量参与评级。

三、高校物质文化建设案例

近年来，北京航空航天大学坚持把文化建设作为学校发展建设的重要组成部分，坚持文化建设与人才培养相结合，坚持以艺术滋养空间，以文化培育人才，精心打造了北航艺术馆、沙河校区艺文空间、北航音乐厅等多个文化艺术设施，成立了文化与艺术传播研究院，统筹规划，营造校园文化育人的氛围，产生了良好的人文艺术传播效果和广泛的社会影响，在全国高校起到探索和示范作用。

一是坚持品牌定位，树立文化育人的理念与思路。学校以文化与艺术传播研究院为纽带，统筹多位一体的文化品牌设施建设。截至2016年，北航艺术馆坚持"公益性、专业化、高品位"的定位，已经连续举办了130余场高品位展览，累计观众已超过百万人次，被媒体誉为"中国高校最有影响力的公益性公共艺术传播空间"；沙河校区艺文空间依托北航艺术馆的资源，已举办中国航空绘画作品展、国际青少年美术作品展、北航艺术馆双年展，在发挥文化艺术育人作用时使更多的学生受益，增进了大学生的艺术欣赏能力并且激发其创意潜能；北航音乐厅自落成至今，引进和推介了数十场公益性、海内外高水平的音乐、舞台艺术精品以及师生文艺演出，并且坚持了"文化性、艺术性、经典性"的定位，持续策划具有较高国际水准、国家水平或民族风格的文艺演出。

二是坚持长期积淀，涵养公共艺术传播的文化场。学校坚持科学、文化与艺术教育的融合统一，通过每一次艺术展览和演出活动的举办，拓展和发挥自身"造血"功能，坚持公益辐射，形成了良性运作机制和特殊的文化艺术滋养场，成为师生观众提升自我、丰富心灵的好去处，使其在润物细无声中受到心灵感化和艺术启迪，促进了大学文化育人功能的延伸。

三是坚持文化立校，拓展大学文化传承创新的境界。学校的文化艺术场馆以其成功的实践始终践行"三个服务"：服务于大学的发展建设、服务于大学的人才培养、服务于大学的文化引领。并且在文化与艺术传播研究院的统筹下，努力探索多种模式、联动协作、资源互补、形成合力的大学文化创新体制机制，致力于建立起施惠于更多师生乃至社会公众的文化艺术教育传播体系，使艺术滋养校园空间，造就文化育人的新境界。教育部思政司要求，各高校要深入学习贯彻党的二十大精神，按照相关通知和工作方案的部署与要求，统一思想、求真务实，坚定不移地把社会主义核心价值体系融入校园文化建设的全过程，努力营造全面提高大学生综合素质和健康成长成才的良好文化氛围，为社会主义文化大发展大繁荣做出贡献。

第四节　校园环境规划

高校校园环境建设应从人文景观、校园标志性建筑、学习区、生活区和娱乐区等各功能分区加以考虑。

一、人文景观的建设规划

高校人文景观是相对于自然景观来说的，是指人为规划设计的景观，如雕像、碑亭等。高校人文景观彰显了学校的办学理念、历史传统，增强了大学生对学校历史、特色文化的自豪感。在进行人文景观建设规划时，要把握好以下方向。

（一）体现大学发展定位

所有大学都有各自的建校历史和发展历史，每所高校的建校过程都有不少动人的故事、非常可贵的精神值得传颂。大学的人文景观设计应该展现学校的发展轨迹，与校史紧密相连。大学的发展定位是指大学根据自身的特点和建设情况对发展远景的预期规划，有一定的前瞻性。各个大学有自己的特色，学科建设、科研成果、师资建设等都是大学赖以生存和发展的基石。在人文景观设计中表现大学发展定位，有助于打造大学品牌，以此提升其社会影响力和美誉度。因此，大学人文景观建设要梳理办学历史，总结办学经验，凝练学校的办学传统和大学精神，将人文景观建设置于重要的根基上，彰显高校的文化软实力。只有通过承载着丰富历史文化意义的景观的展示，大学的文化底蕴和大学的发展定位才容易被感知，从而增强全体师生员工的文化归属感和认同感。

　　高校重要的历史事件、建筑古迹、办学定位、历史文化名人，都可以成为人文景观设计的思路源泉。一些高校的历史遗迹经受住了岁月风雨的洗礼，更加充满历史感和人文情怀。例如，天津大学的北洋大学堂纪念碑，展示了北洋大学堂是天津大学的前身，这具有历史意义的传统建筑遗迹，仿若在描摹那一段特殊的历史，蕴含着特有的教育传统与文化积淀。

（二）营造大学文化个性

　　知识经济时代价值多元、文化丰富、个性鲜明，人文景观建设也需要体现特色、张扬个性。大学在人才培养、社会服务、科学研究和文化传承创新等功能上，都包含着丰富的价值理念，大学的人文景观也体现着大学的价值取向和治学精神。因此，人文景观建设既要符合大学建设和发展的需要，也要彰显自己独特的个性，这是人文景观建设灵魂之所在。大学文化个性可以通过建筑雕塑、园林景观等物质形态来表达，因此大学景观的设计应该保持大学独特的文化的个性，其特色和个性要与环境有机结合，还应该考虑文化传统的传承与创新。

　　建设体现大学文化个性的人文景观，可以通过综合运用其场所语言，使大学精神能够延伸，营造一个可以陶冶情操、净化心灵的场所。大学景观设计要与师生员工的审美情趣相适应，要适应现代人逐渐增强的审美能力；要彰显大学文化个性，避免过度模仿及生搬硬套的现象，从而让师生在学校徜徉时，既能得到独特的视觉体验，又能产生思考。

（三）传承地域文化

　　地域文化是大学文化赖以生存的土壤与基石，对大学文化具有深远的影响。具有地域特色的景观环境，可以增进广大师生员工对学校所处环境的了解和认同。在这种情形下，尊重民俗、传承地域文化显得尤为重要。

　　大学与所在的地域存在着相辅相成、密不可分的互动关系。大学人文景观是学校环境建设的重要部分，也是所在地域的组成部分。不同地域的高校，办学时或多或少都会受到地域的影响，也会留下所在地域历史文脉的印迹。

大学应积极主动地了解当地历史文化、民风民俗，在校园景观的整体规划和设计中要尊重地方历史文脉。设计的人文景观要体现地域性，体现文脉的连续性。要保护历史遗迹和已有的建筑文物，结合大学的特色风格，同时运用所在地域的民风民俗和自然元素，为校园建设出与地域共处和谐的景观环境。同时，大学文化要在地域中发挥积极的导向、渗透、引领作用，推动地域的进步和发展。大学作为思想文化创新的重要源泉，是科技进步的孵化器和社会进步的加速器，是经济发展的加工厂和思想库，要不断追求更高层次的理性精神，不断创造更先进、更优秀的文化成果，积极主动地在服务和引导社会中做贡献、促发展。要把体现大学精神的科学态度、道德标准、价值观念等传递到校外，以此来影响和感染他人，实现与社会发展的良性互动。让校外的人员充分感受到大学的人文情怀和文化氛围，从而对周边居民产生无形的熏陶和影响。也可以增加当地居民与大学师生沟通互动的机会，以提高大学的知名度与美誉度。

二、校园标志性建筑设计

（一）校园标志性建筑的文化设计

高校校园标志性建筑是大学校园文化精神的外在集中反映，是园区建筑布局的灵魂和统领性建筑，其含义之重大，影响之深远，是其他校园建筑所无法比拟的。其地处于校园中心部位或中轴线之上，更引人注目，其文化含义之辐射力更为集中和广泛，故对其文化内涵的开拓尤显重要。

对它的设计应把握好以下要点。

一是要体现意识形态与学术特征的结合。我国高校校园是社会主义精神文明建设之重要场所，是培养社会主义建设接班人和建设者的场所，故强调标志性建筑的意识形态取向时，首先要考虑其文化内涵，恢宏、开阔、向上、进取便成为首先要考虑的美学特征。同时，高校是以其崇高的学术地位来完成精神文明建设任务的，故在强调标志性建筑的意识形态取向时，亦必须与高校的学术地位相结合。在强调标志性建筑恢宏、开阔的特征之外，亦必须考虑增添其崇高、肃穆的权威感，还可适当附加建筑物来凸显其学术领地的特征。

二是要体现科学精神和人文关怀的结合。高校的重要任务是探索真理，破解自然、社会、思维之谜。一代又一代学人呕心沥血、焚膏继晷，在追求科学、探索真理的道路上跋涉，付出了毕生的精力。何谓科学精神？简而言之，科学精神是一种实事求是的态度、兼容并收的学术情怀、铁面无私的理性精神、尊重实践的科学作风。在标志性建筑的美学特征上要体现出严谨性、条理性、逻辑性，来烘托对真理的尊崇和追求。但科学精神并非如钢铁和泥石般是与人之生命相悖的存在，因而不可否定其人文精神的扩展，科学精神同样要体现出对人的情感、需要的尊重，体现出对人性的关怀。所以在校园建设中，人文精神显得尤为重要。国内外高校的标志性建筑在展现人文精神方面，虽不乏用现代化材料和手段来体现科学对自然的胜利之主题，但也不乏体现在高科技时代人类对人与自然关系的新思考。玻璃幕墙、铝合金门窗固然显示了新技术的力量和气派，但常青藤和爬山虎也未尝不能显示人类对自身命运的严肃思考和深层反思。

三是要重视体现集体主义精神和弘扬个性的统一。我们应清醒地认识到集体主义精神仍然是社会主义阶段的道德要求和价值取向，所以在标志性建筑中要充分体现出集体主义精神。但随着社会生产力的不断发展，追崇和仰慕更好的和完善的人格同样也是校园人的追求，他们希望在历史的条件下，个人能被尊重，个性能得到发展。把握好这二者的结合是大学校园文化建设的重要课题。

（二）校园文化氛围的营造

如果说校园标志性建筑是大学校园文化的重要载体，那么校园文化氛围便成为大学校园文化的重要灵魂。大学校园文化建设就是通过设计好校园标志性建筑和营造好校园文化氛围这一系统的铸"体"造"魂"工程来推动校园文化建设的。

校园文化氛围不能凭空产生，它必须借助一定的物质或活动载体来营造和传播。物质性载体主要包括以下几个方面。一是校园标志性建筑。二是校训、校风、校歌、校徽等主体文化作品，大学校园文化正是通过这一系列主体文化作品的设计和创造来创设其文化氛围的。比如，美国哈佛大学将1636年建校时所使用的校徽上面的拉丁文字"VEITES"（真理）及其拉丁文校训"以柏拉图为友，以亚里士多德为友，更要以真理为友"沿用至今，仍然不变，激励了数万哈佛人对真理的执着追求。三是橱窗、广播台、校刊、校报等宣传园地。高校要充分利用校园内各种宣传园地来传播和营造健康向上的文化氛围，以文载道，以文传道，弘扬主旋律，鞭笞不和谐声音。

此外，在校园内开展的各种主题教育或寓教于乐的活动，也是营造校园文化氛围的重要载体。

三、学习区的文化场景布置

学习区，主要指教室、实验室、图书馆及其附近区域。创造文明高雅的学习区文化，是校园文化建设的重要内容。校园人只要置身于其中，就能感受到这种特定的亚文化对自身心理、思想、行为的影响，产生由"观景入情"至"由情入理"、由"形象思维"到"理性思维"的升华过程。

学习区文化场景布置应体现恬静优雅和治学严谨的学习区文化主题。具体说来，一是要创造好的学习环境，不论是教室、阅览室还是实验室，一定要在"整""洁""静""雅"四个字上下功夫，给人以自然美和艺术美的享受，使人身心愉快、高质高效地学习和教学，倘若学习区使人心烦意乱，学习效果可想而知。二是要创设治学严谨和知难而上的求学氛围。一般来说，这种氛围的营造主要通过在学习区选择合适的名人名言，以字画的形式布置在学习区之中，给人以智慧和人格力量的震慑。倘若学生在学习马虎时映入眼帘的是"业精于勤、荒于嬉，行成于思、毁于随"的字幅，在学习遇到困难和挫折时看到的是"一个人无论处在什么样的环境里，总可以通过自己的不懈努力达到比较完善的境界"的至理名言，他们肯定受益匪浅。值得注意的是，学习区文化氛围的创设应把握好针对性和有效性，不同院校、学科、专业在内容选择上应有所区别，切不可隔靴搔痒。

四、生活区的文化场景布置

高校生活区是供人休息、生活的场所和区域，它的文化场景布置有别于教学区和中心校区，这同其功能和作用的独特性有关。但高校的生活区同样是校园文化建设的重要阵地，虽有别于教学区和活动区的主渠道作用，却有其独特而不可替代的功能，它是以潜移默化的道德渗透、修身养性的心理优化、无声浸润的审美养成来达到对校园人特别是高校学生素质的全面提高的。生活区的文化场景布置一般应遵循以下原则。

（一）要促进校园人的道德完善和自律

生活区的文化场景布置应体现集体主义精神，培养校园人的社会认同感，其错落有致的园区建筑组合、遥相呼应的景致特点较能体现出上述要求。场景布置要体现整齐划一与气韵生动的结合、整洁有序与生命节律的统一、自然景观与人工重组的一致，只有做到这些，才能使生活于其中的校园人在耳濡目染中接受社会主流道德观念的影响，养成良好的道德品质，具有较高的道德品位，逐步明确个人与群体、个人与社会的关系，形成正确的道德观。无法想象在卫生环境脏、乱、差，生活场景污秽不堪，生活建筑不甚规范或呆板生硬的区域中，能培养出有高尚道德情操的社会主义新人。所以，要注意提高生活区的文化品位，有时哪怕只是一个小巧整洁、放置合理的废物箱，一群悠闲地在地上啄行的鸽子，都能给校园人以无形的道德约束力和感染力。

（二）要促进校园人的心理优化

我们所处的社会是一个充满竞争和压力的社会，所处的时代是一个变幻莫测、飞速发展的时代，高校也不例外。生活区良好的文化场景布置，有助于校园人的心理优化，即通过审美、娱乐、竞技等方式来优化心理，促进人格的健全与完善。心理优化应注意两个方面的结合。一是注意营造恬静优美的环境，如宿舍区、就餐区、休息区的布置要使校园人能感受到温馨柔美的文化气息，缓解因学习、工作而带来的心理压力，调整心理状态。二是借助充满动感和活力的景点和物件设置，来鼓励和暗示个体成员通过恰当的活动方式达到宣泄情感、走出心理困境的目的。

（三）应在潜移默化中提高广大师生的审美自觉

大学校园文化的高层次的现之一即校园人具有较高的审美，其建设重在培养高雅的审美趣味，树立高尚的情操。由于在生活区中，校园人的心理处于比较平静、悠闲的状态，这正是审美活动开展的极好时机，文化场景的高雅品味、布局的合理美观，不仅仅直接给人愉悦的感觉，也间接地给人以"润物细无声"的审美能力与情趣的熏陶。由于这种影响是日复一日的长期的重复刺激，故在场景布置中要极为慎重，精心设计，做到匠心独运、趣味高雅。一花一木、一景一物均要一丝不苟。许多名牌大学的一些生活区，均以"园"为名，有的以中国古典园林的标准来营造，如北大之"燕园""朗润园"、交大之"留园"均以较浑厚的文化底蕴和精美的场景布置发挥着较好的"美育"作用，并且成为校园文化的一个标志性景致。

五、娱乐区的活动场景布置

娱乐区主要是指开展文化、艺术、体育活动的区域和场所，它包括礼堂、活动中心、体育场馆等。这个区域的活动通常有讲座、演出、比赛等各种形式。对于这个区域的文化建设，一是要体现思想性。各种文化、艺术、体育活动的开展，不能只是为娱乐而娱乐，应有一定的思想教育内容深入其中，这是大学校园文化建设的内在要求。除此之外，竞技比赛中的团结拼搏精神以及公正裁判的作风，也是很富有教育意义的。二是要体现娱乐性。这是娱乐活动的本义，毋庸赘言。三是要体现现实性。不同的高校有不同的学科背景和物质资源，而且其校园人的实际需要也不尽相同，这就要求高校从实际出发，因地制宜地开展好各种寓教于乐的活动。这里应该强调的是，娱乐活动的文化场景设置，既是文化也是艺术，更是开展好各种娱乐活动不可缺少的重要组成部分。

第三章　校园精神文化建设管理

第一节　校园精神文化概述

一、校园精神文化的内涵

高校校园精神文化是一种隐形文化。对于高校校园精神文化的界定，有学者认为，校园精神文化主要是指高校师生的道德、习惯、传统、人际关系、世界观、人生观、价值观、审美情趣、集体舆论等；也有学者认为，校园精神文化是主宰整个大学师生员工思想和心态的精神倾向，它集中体现在大学师生员工的世界观、人生观、价值观和道德观上，集中反映大学师生员工的整体面貌等。

不管哪种说法，都说明了高校校园精神文化是高校在长期的文化演化中，对各种优秀文化要素的选择、抽象提炼和积淀，并且最终成为高校师生内在精神力量的源泉。它的内涵主要包括一所高校的历史传统、人文精神和科学精神等。

（一）历史传统

历史传统是指一所高校在长期办学过程中，逐步形成的能体现一定的价值取向、目标认同和思维向往的一种高校校园精神。

（二）人文精神

高校人文精神以爱国主义、社会主义和集体主义为核心。高校校园人文精神的涉及面非常宽泛，包括政治的、思想的、道德的、哲学的、文艺的等多个方面。它大致体现在三个方面，即理想的追求、人格的塑造、操守的推崇。大学校园文化的人文精神能促使大学生成长为因心中有明确追求标准而确立操守的人，能使他们在纷繁复杂的世态万象面前，以科学的态度分析一切、看待一切。

（三）科学精神

科学精神即去伪存真、实事求是、怀疑批判、理性实证。传承科学文化知识是高校教育的主要任务，弘扬科学精神应是高校校园精神文化建设和发展的重要方面。

二、校园精神文化的特点

校园精神文化与校园文化的其他组成部分及其他组织的精神文化相比，有着以下四种特点。

第一，继承性。校园精神文化是高等学校在几十年甚至上百年发展过程中不断传承下来的历史积淀，如北京大学"兼容并包"的办学理念和"爱国、进步、民主、科学"的校训，清华大学"自强不息，厚德载物"的校训和辽宁大学"明德精学，笃行致强"的校训，都体现了这些高校校园精神文化的历史继承性特点。

第二，时代性。校园精神文化不仅仅要表现历史继承性，也要表现与时俱进的时代性。当前，校园精神文化建设就是要体现出高校"以人为本"的发展理念和建设和谐校园的目标，校园文化作为社会主义先进文化的重要组成部分，也要以自身的和谐建设和发展为基础，为实现社会主义文化大发展大繁荣而努力。所以校园精神文化要表现出与时俱进的时代性，既批判继承又发展创新；既吸收外来文化精华，又要具有中国特色。

第三，独特性。与其他社会组织的精神面貌和风格相比，高校的校风、学风有着独特的内容。高校作为"研究高深学问"的文化和教育单位，与其他的社会组织有着明显的区别和差异，表现在精神文化方面，就是高校校园精神、办学理念、校风等方面的个性和独特性。所以，高校在内涵、内容等方面都有着与企业、政府不同的独特风格。

第四，创新性。创新是民族进步的灵魂，是国家兴旺发达取之不竭的源泉。创新也是校园精神文化建设的精髓，培养和发展创新精神是校园精神文化理应追求的教育目的。首先，校园精神文化自身的发展需要不断创新；其次，创新型人才培养也是高校的基本任务和目标，为了实现这一目标，校园精神文化必须构建创新氛围，以创新精神熏陶、召唤、激发大学生的创新意识，并且不断增强大学生的创新和实践能力。

三、校园精神文化的功能

校园精神文化作为校园文化的核心，除了具有校园文化的一般功能，还具有导向功能、凝聚功能、激励功能和规范功能。

第一，导向功能。校园精神文化是学校精神的一种载体，体现着校园主体的思想意识和价值观念，这对高校学生具有重要的引导作用。首先它是一种目标导向，即引导校园主体向着一定的目标奋斗，既包括高校文化建设发展的目标，又包括社会文化建设发展的目标。其次它是一种价值导向，即使广大师生形成一致的价值取向，并且逐渐实现高校及广大师生的价值追求。

第二，凝聚功能。校园精神文化所蕴含的价值观念、道德观念一经全体师生认同和接受，就能够产生一种向心的内聚力，可以促进师生团结，增强校园整体合力和凝聚力。这种合力不仅仅可以把校园人的行为、感情凝聚起来，还能对高校的整体发展产生推动作用。

第三，激励功能。校园精神文化的激励功能主要是通过高校的校园精神、校训、校歌、校友等表现出来的，这些载体所包含的精神内涵和价值，能够使校园中的广大师生不断进取、不懈拼搏、自强不息、开拓创新，激励全体校园人为了共同的目标而努力进取。校友，特别是知名校友作为校园精神文化的传承者和践行者，能为学生树立榜样，对学生产生较大的引导、鼓舞与激励作用。

第四，规范功能。校园精神文化的规范功能具体是指它对校园主体具有的行为规范和行为约束的功能。校园精神文化明确表达着学校所提倡的价值规范、道德规范，对师生"应该做什么""允许做什么""怎样做"等问题有着明确的提倡或约束。此外，校园精神文化表现在学校的管理制度、服务制度上，更是以条文、规章制度的形式，规范、制约和保障着全体师生及员工的行为。如学校的校长与导师负责制、学分制、考试制度、寝室管理制度等，都规范和约束着校园主体的行为方式。

第二节　校园精神文化的要素分析

高校校园精神文化包括价值观、办学理念、大学精神、校风和校训、伦理观五大要素。

一、价值观

价值观是指一个人对周围的客观事物的意义、重要性的总评价和总看法。它是人们对社会存在的反映，也是社会成员用来评价行为、事物以及从各种可能的目标中选择自己合意目标的准则。所谓高校价值观是指高校师生在长期的实践中逐渐建立起来的一种共同的价值取向、心理趋势和文化定式，是全体师生或多数师生一致认同的关于高校意义的共同判断，也是高校校园精神文化的基础和准则。从高校价值观主体构成的范围大小来看，高校价值观大致可以分为三类。

第一，高校个体价值观。高校个体价值观是高校所有师生员工中每个人在教育、教学实践活动过程中所形成的各种价值观，它包括每个人对工作学习目的的看法，对生活意义的看法，对自己与他人关系、个人与社会关系、个人与校园关系的看法，等等。第二，高校群体价值观。高校群体价值观是指高校中包括学生会、共青团、党支部等各种正式组织和非正式组织所拥有的价值观。对于高校管理人员来说，要充分认识到这些非正式群体的作用，注意处理好正式群体与非正式群体之间相互的协作关系，创建良好的氛围，为提高高校的教育质量而共同努力。第三，高校整体价值观。高校整体价值观是高校从周围环境的整体出发而塑造的关于高校全面发展目标的，并且能被全体或者大部分的师生员工认可的一种理念，它统率和制约着高校内部各种群体的价值观和个人价值观。"人生观、价值观的状况与性质，往往是一个人形成政治观的重要思想基础。"

随着经济全球化的到来，在我国改革开放后，西方的各种思潮开始不断地涌入我国高校校园，校园内曾出现了"哈日族""哈韩族"等现象，这些不良的风气在高校校园内风靡一时。种种现象表明，这些不良的行为和现象已经对大学生的政治态度、理想信念和价值取向等精神面貌产生了深刻的影响。加上很多高校在校园文化建设中都存在着重视校园物质文化建设而轻视校园精神文化建设，重视高校文化与国际文化的接轨而轻视对中华优秀传统文化的传承的现象，导致高校校园精神文化建设出现了偏差，不能适应时代的要求。大学生是祖国的未来、民族的希望，是中国特色社会主义现代化的建设者和接班人。大学生的政治信仰、思想道德、能力素质和价值观念如何，将直接影响着我国的特色社会主义建设能否后继有人。更重要的是，高校是意识形态领域斗争的重要阵地之一。因此，我们必须坚持高校校园精神文化建设朝着社会主义方向进行，用民族精神、爱国精神和新时代精神来凝聚力量，树立起大学生建设中国特色社会主义的共同理想，形成社会主义荣辱观，发挥出高校校园精神文化强大的引领、示范和辐射作用，努力把高校建设成一个传播科学知识、弘扬社会正气和塑造美好心灵的文化堡垒。

二、办学理念

办学理念是一所高校的办学思想的方向和保障，是指引一所高校发展远景与前进方向的根本指导原则，它为大学精神、高校伦理观与高校价值观等发展思想提供了保障。高校办学理念受民族文化传统、高校的历史、地域文化的影响，是由学科特色和学术带头人的品格、气质和创造力等因素共同孕育而成的，集中体现了一所高校独特的、鲜明的个性。它蕴含着高校的办学方向、办学目标和办学精神，反映着一所高校的追求和信念，是高校群体意识的集中体现，也是对如何办好一所高校的哲学思考，更是高校的核心竞争力之一。一个与时俱进的、切合实际的办学理念可以推动高校的可持续发展，提升高校的品牌价值，并且决定着这所高校的思维方式和发展方向。一流的办学理念往往孕育出一流的高校品牌。"在当代中国，发展先进文化，就是发展面向现代化、面向世界、面向未来的、民族的、科学的、大众的社会主义文化，以不断丰富人们的精神世界，增强人们的精神力量。"

高校办学理念对整个高校的发展具有全局性和前瞻性的影响，它是高校校园精神文化的重要组成部分。为了早日实现向创新型国家的战略转型，高校必须实现办学理念的现代化转变。要认真分析发达国家高校的办学理念，与世界文化加强接触，扩大交流，沟通融合，吸取精华。并且要与自身发展实际情况相结合，考虑诸如高校的办学历史、学科专业发展、学校地理位置、师资力量和地域文化等因素，从而实现高校办学理念的综合创新。我国高校的办学理念与世界上很多的著名高校相比，差距是很大的，但即便如此，我国也有一部分高校通过改革创新，形成了自己独特的办学理念。例如，武汉大学在 20 世纪 80 年代开展了广泛深入的教学改革，并且提出了"金牌精神"的办学理念，开始试行了学分制、双学位制、转学制、插班生制、主辅修制、导师制等制度，使得学校出现了生机勃勃的崭新局面。从此，武汉大学也被誉为"中国高等教育战线上的深圳"。

三、大学精神

精神是指人的内心世界现象，包括思维、意志、情感等有意识的方面，也包括其他心理活动和无意识的方面。

大学精神是在高校办学历史过程中形成的具有特色的、稳定的并且为广大师生所认同和坚守的理想、信念、价值观和行为的准则，是高校的历史积淀和文化升华，是一所高校的灵魂和旗帜，是推动高校发展的内在动力和精神支撑。大学精神渗透在高校的各个内在领域，具有导向和规范作用、凝聚和激励作用、熏陶和感染作用。它能产生博大的精神力量、深刻的道德力量和巨大的感召力量，有利于培养广大师生积极的人生态度、鲜明的价值判断和丰富完善的思想体系。从最普遍的意义上讲，大学精神包括人文精神、科学精神、独立精神、自由精神、批判精神和创新精神。

（一）人文精神

人文精神有广义与狭义之分。从广义上来说，人文精神是指整个人类文化所体现出的最根本的精神，或者可以说它是整个人类文化生活的内在灵魂。它以追求真、善、美等价值理想为核心，以追求人的自由和全面发展为终极目的。从狭义上来说，人文精神专指从各门人文学科中抽取出来的有关人文的共同追求，即对人生意义的追求。人文精神主要指的是在处理人与人、人与社会、人与自然、人与自身关系时的价值观以及建立在这种价值观基础上的行为规范。具体来说，高校的人文精神主要包括以下几个方面：第一，高扬人的价值，追求人自身的完善和理想的实现；第二，具有强烈的社会责任感、历史使命感以及永恒的道德精神；第三，谋求个性解放和永恒的道德品质，并且建立自由、平等、和谐的人际关系，倡导人与自然的和谐发展。从价值观的角度来看，人文精神着重强调人的价值和需要，注重人的全面发展，完善人的思想态度和价值信念，是一种做人所必须具备的基本态度和基本品质。人文精神强调的是尊重人的价值，正确审视人的本质，重视积累人类的各种先进文化，以此来塑造人类美好的精神家园；它更强调要依靠调动人的主观能动性来推动社会的发展和进步。这种观念讲究人们生活的人文效益，注重生产出的产品的文化含量，重视人们生活环境中的文化氛围的作用，重视人的情感和觉悟的作用，以及为了有效地教化和组织管理人群，希望能够充分发挥人的主观能动性。

（二）科学精神

自 19 世纪中叶以来，科学主义开始逐渐取代了人文主义，并且成为在高校中占支配地位的知识价值观。从此，高校的科学精神越来越受重视，并且成为大学精神的重要组成部分。然而，究竟什么是科学精神呢？所谓科学精神，就是指科学工作者在科学研究和科学技术发展过程中所形成的人们共同遵守的价值准则和行为规范。科学精神主要包括两个方面。第一，科学工作者在从事科学研究时要遵守的一系列行为规范。例如，一些学者提出的普遍性、无私利性、公有性和有条理的怀疑性、客观性、实证性等原则。第二，科学工作者们从事科学研究过程中的价值追求。例如，有的科学工作者把真、善、美的高度统一作为他们在科学研究过程中的最高价值准则。科学研究是高校三大职能中的一个重要的职能，高校就是人们开展科学研究、培养科技人才的重要基地。众多的科学家在科学研究过程中所形成的价值准则和行为规范可以通过教育，感染内化为一代代学者和学生的精神气质，最终形成他们自己内在的科学道德和科学良心。科学精神从本质上来说就是求真的精神，科学的目的就是要去伪存真。大学生是国家最宝贵的人力资源，是促进社会上各行各业不断向前发展的接班人和生力军。

高校在培养师生具有一定的人文素养的同时，也应该使这些人具有较高的科学素养，使他们具有高远的科学视野、严谨的科学态度、理性的科学精神、敏捷的科学思维，并且能够激发他们的创新热情，为社会主义建设添砖加瓦。

（三）独立精神

独立精神，正如闻朔先生在总结概括北大精神时所指出的那样，包括独立人格、独立思考、独立判断等。其中，最重要的就是独立人格，也就是说大学生在世人面前要表现出高尚人格。独立精神之所以在大学精神中占有重要的地位，主要是因为高校是学术研究的殿堂，而学术在本质上就必须是独立的、自由的。

如果一种学术变成了一种政治上的工具，成为文明的粉饰，或者被经济所左右，完全变为某种意义上的被动的产物，那么这样的学术也就不是真正意义上的学术了。高校是探讨高深学问的专门的学术机构，而学术在本质上就是独立的。所谓的学术独立，主要包括两大方面：一方面是学术的外在独立，即学术不能和政治、法律等方面相交融，它必须独立于其外；另一方面就是学术内部分为各个学派，它们之间也要相互独立。假如有一种学术，成了政治、法律的工具，成了文明的粉饰物，或者被经济、宗教等左右，完全成为一种被动的产物，那么这种学术就已经不是真正意义上的学术了。因为真正的学术是人类理性和自由精神的最高体现，它不是被动的而是主动的，它是独立的而不是依赖的。

对于独立精神，鲁迅早已论述过："国欲立，先立人。"而人之立，则必是人格精神意义上的独立。清华大学导师、学者陈寅恪在王国维的墓志铭中写下了这样一句话："唯此独立之精神，自由之思想，历千万祀，与天壤而同久，共三光而永光。"

毫无疑问，高校这个人才荟萃的地方，理应更多地注重对人格独立和思想自由的渴望，更多地注重对自我完善和价值实现的追求。当代美国心理学家马斯洛曾经提到："在一定程度上，对于自然条件和社会环境的相对独立性，是一大部分自我实现者的特点之一。"

（四）自由精神

自由精神是大学精神的灵魂，它是产生和发展其他大学精神的基础。"海纳百川，有容乃大。"在《21世纪世界高等教育宣言》中有这样一句话：大学自治和学术自由是21世纪大学发展的永恒原则。高校的自由精神主要表现在以下三个方面。第一，思想自由。思想自由是自由精神的首要前提，没有思想自由，就没有自由精神。思想自由体现在思想上的兼容并包，它可以使高校成为各种思想和观念自由发展的场所。例如，教育家蔡元培在北京大学任校长时，对学校内存在的各种组织和学派，就采取了思想自由的原则，也就是著名的"兼容并包"思想。"无论何种学派，其言之成理，持之有故，尚不达自然淘汰之命运，即使彼此相反，亦听他们自由发展。"

第二，言论自由。言论自由包括校内言论自由和校外言论自由两大方面。所谓的校内言论自由就是指高校中的任何一位师生都有监督学校、批评学校的自由，他们也可以对当前学校建设和发展的不足和缺陷发表自己的意见，提出自己的不同见解。言论自由可以使高校成为自由表达思想、理念和各种意见的场所。高校应当支持和鼓励师生员工公开地、自由地交流，而不应禁锢言论。

第三，学术自由。学术自由是指高校的各种教学、实验和科研活动都只能服从于真理的标准。学术自由可以使高校成为一个全体师生能够自由自在地探索各种高深学问的场所。

（五）批判精神

所谓批判精神，本质上就是一种怀疑精神。它是指高校师生以真理为唯一标准，在学习和科研活动中，要有怀疑一切的精神，要以此为基础，形成一种追求真理、批判错误的特殊的精神品格，要对学术问题和社会问题在怀疑的基础上做出自己独立的思考和判断。高校是以研究高深学问、追求真理为己任的，但是人们却发现世界上并没有绝对的、永恒的真理，人的认识都受到各种主客观要素的影响，有着自身的局限性，而且有很多理论在后来的研究中被发现是错误的。所以在追求真理的过程中，人们要具有批判精神，形成不唯书、不唯上、只唯实的精神。高校的批判精神主要体现在以下三个方面。第一，高校是保存、传递、发展先进精神文化的场所，无论是哪一种精神文化活动，都要以批判的眼光看待。第二，高校是各种思想、潮流、价值、理想和观念能够兼容并包、自由发展的场所，所以对各种思想和观念都要进行批判与反抗批判，使它们在彼此的相互交锋中，可以得到不断发展。第三，高校作为探索高深学问的专门机构之一，还应在社会批判和舆论监督方面发挥自己独特的作用。高校从诞生之日起，就担负着以理性、智慧为工具和手段来深刻地剖析社会、批判社会和构建社会的历史重任。正如美国高等教育学家弗莱斯纳所提出的那样："大学不是风向标，不能什么流行就迎合什么。大学必须时常给社会一些它需要的东西，而不是社会所想要的东西。"

高校是以理性来透析社会的，它是引导社会前进的灯塔，这也是高校批判精神的精髓所在。批判精神是高校中所有知识分子必备的品质。

（六）创新精神

创新是人类的最高本性。人类因为对现实的不满足，想要创造出现实中没有的事物，不断地去追求与建设理想中的世界。高校从建设之日起，就是探索、发现和传播新知识、新观念、新思想和新文化的场所。正是为了更好地探索和发展疑难的问题，努力探索高深的学问，才有了最初意义上的高校，即"教师和学生共同探索学问的行会组织"。就连坚守古典主义和理性主义的英国红衣大主教纽曼，也同样认为高校是"一切知识和科学、事实和原理、探索和发现、实验和思考的高级保护力量"。

高校的创新精神，一是指向科学研究。它可以通过鼓励创新，在实验的基础上取得大量开拓性的研究成果。我国的高校通过科学研究，培养了一大批的学者、发明家和科学家。二是指向社会发展。高校以新思想、新文化、新观念、新制度来改造社会，以此来推动社会的不断进步。尤其是今天，高校由社会的边缘逐渐变为社会的中心。三是指向人才培养。高校把培养具有开拓性、进取性和创新精神的新世纪人才作为自己最根本的任务，培养创新型人才是高校的根本目的。四是指向高校自身。一代又一代的高校人不断地根据社会经济发展需求和高校的办学理念来改造高校、发展高校，使高校成为时代精神的引领者。在知识创新和科技创新方面，高校拥有雄厚的物质、人才和技术等方面的基础。这些优势使得高校在知识的更新换代和科技创新中能够取得丰厚的成果，具有无可比拟的重要作用。正因为如此，英国《经济学人》杂志才把高校恰当地称为"知识工厂"。其认为，高校是科学知识的创新源和新世纪人才的培养库。有关统计数字显示，在 1901 年—2001 年的 100 年内，高校获诺贝尔奖的人次占总人次的 76%，这也充分说明了高校具有其他组织无法比拟的创新能力。当然，以上所说的各种精神是目前大多数高校中都存在的具有普遍意义的大学精神。如果具体到每一所高校当中，由于特定的历史传统、文化观念、社会环境、学校现状等方面的差异性，一些高校又会有着各自独特的大学精神。每一所高校都会根据自身实际来对本校的大学精神做出别具特色的解释。以北京大学为例，自由、包容就是北大一贯倡导的大学精神。一所高校若想树立自己的品牌，就必须办出特色、办出水平。而要做到特色办学，最关键的就是培育大学精神。为此，高校必须有意识地提倡、培养广大师生员工的优良精神风貌，并且对学校已有观念意识、传统习惯、行为方式中的积极因素进行总结、提炼，坚持与本校传统、历史与地域文化资源相结合，因校制宜，紧贴时代主题，紧贴当代大学生的内在需求，充分挖掘校园现有潜力，彰显大学精神，形成独具特色的校园精神文化。

四、校风和校训

（一）树立优良的校风

校风是一所学校所特有的占主导地位的行为习惯和群体风尚，表现为一种独特的心理环境。校风是校园精神文化的重要组成部分。优良的校风不仅仅能够推动校园自由民主思想的深层发展，也能产生良好的心理效应，因而成为推动校园建设的重要动力。好的校风具有深刻的强制性的感染力，使得很多不符合环境气氛要求的心理和行为受到压制，令人时刻感受到一种无形的压力，使得每一位校园人的集体感和荣誉感日趋巩固和扩展，形成集体成员协调的心理状态；好的校风具有对学校成员内在动力的激发和引导作用，催人奋进；好的校风对学校成员的心理发展具有良好的保护作用，对不良的心理倾向和行为具有强大的抵御力和压制力，能够有效地抵制各种不良心理和行为的侵蚀。以主体的不同来划分，校风可分为教风、学风和行政管理作风。教风是一所学校的状态标志，也是育人的环境氛围。教风是指教师集体表现出来的教育观念、品德修养、教学风貌、治学态度、科研意识和教书育人的作风。要想抓好校风建设，首先必须抓好教风建设，因为学校是育人的场所，也是人才的摇篮，而教师是人才的培养者，理应在教书育人的过程中发挥出主力军的作用。优良的教风表现为教师应该坚持先进的教育思想和教育理念，关心学生、严谨治学、潜心执教、为人师表、精于育人。优良的教风一旦形成，就会使教师集体的每一位成员都产生巨大的责任感和荣誉感，并且能够有效地推动整个教育教学质量的提高。

学风是指一所学校在长期的教育实践中形成的一种相对稳定的治学精神、治学态度、治学方法和治学原则，是一个学校群体的心理和行为在治学上的表现。换句话来说，就是学习风气。它包括明确的学习目的、浓厚的学习兴趣、进取的学习精神、刻苦的学习态度、良好的学习习惯、优秀的学习方法、严明的学习纪律等。

行政管理作风是指整个学校的行政人员在日常管理工作中所表现出来的工作作风。它对教师的教风和学生的学风具有重要的影响，是校风建设的关键。学校管理层的各职能部门，与广大师生有着千丝万缕的联系，良好的管理作风对全校风气有着无声的影响。高校应当从提高管理人员的管理素质着手，使其养成文明的言行风貌，以及建立合理的管理机制，树立全校全员全方位全过程育人的观念。行政管理工作，虽说直接表现为对人、财、事的管理，其实本质上是对人的管理。高校的管理人员应该做到大度、礼貌、宽容和多谋善断。在管理过程中，要了解人才、团结人才、选拔人才，应当做到任人唯贤、以才授位，以求人尽其才。在处事中要办事公道、赏罚分明、作风民主、乐于奉献。

（二）提炼有特色的校训

校训是学校根据自身特色确定的指导师生言行，促使师生形成正确的价值观、人生观，并且要求师生共同执行的基本行为准则。校训体现了学校对广大师生发展的理想追求，体现了学校的整体价值取向，反映了学校独特的个性和办学特色，也是高校文化的核心表征。从某种程度上来说，校训就是对一所高校的校风、学风和行政管理作风的总结和提炼，并且和学校的传统、历史、民族文化传统和地域文化特色结合起来，用紧凑、流畅、典雅的语言方式表达出来。比如：清华大学的校训为"自强不息，厚德载物"；北京大学的校训为"爱国、进步、民主、科学"；南开大学的校训为"允公允能，日新月异"；南京大学的校训为"诚朴雄伟，励学敦行"；武汉大学的校训为"自强、弘毅、求是、拓新"；云南大学的校训为"会泽百家，至公天下"；中山大学的校训为"博学审问、慎思、明辨、笃行"；山东大学的校训为

"气有浩然，学无止境"；南昌大学的校训为"格物致新，厚德泽人"，等等。这些校训都包括了中华民族优秀的传统精神和传统教育思想的精髓，要求高校以育德为本，培养师生的公共精神和创新思维，使他们形成正确的价值观、人生观，并且促进校园建设的可持续发展。

五、伦理观

在人类文化发展史上，没有哪一个民族或国家能够像中华民族这样具有如此深厚的伦理文化传统。从先秦到近现代，尽管已经历经了几个世纪的演变，但儒家伦理观一直是中华民族的传统伦理道德文化，可以说，它是整个中国文化的主脊与精髓。历代儒家所讲的"伦理"，一般都是从《孟子》中提到的"人伦"引申出来的，指的是人在一定的社会关系网络中必须遵守的道德准则，也就是人际关系之理。伦理是指人与人之间相互关系的基本道德和准则。研究伦理的学问，即伦理学，主要研究的是人们的道德思想、道德规范和道德行为。所谓高校伦理观，就是发生在高校校园内的具有神圣性和人文性的一切伦理关系的总和，以及这种关系所蕴含的精神与智慧。高校伦理观是对高校校园精神文化建设及其文化的道德性研究，它重新赋予了高校职能以神圣性与人文性，改变了目前高校中频频出现的伦理失范的现象。高校伦理观可以提升学校中教师与学生之间、教师内部之间、学生相互之间关系的神圣性和人文性，使得高校校园真正成为广大师生的精神家园。

高校伦理观是指高校校园精神文化中围绕主要责任关系以及为保证这种责任关系落实的一些重要的价值取向、舆论氛围、情感关系和相关规约，它是高校校园精神文化的重要组成部分。与一般的高校校园精神文化概念相比，高校伦理观更强调责任关系，以及这种关系中神圣的、具有人文本性的道德伦理内涵。高校伦理观内容丰富，它包括诚信伦理观、消费伦理观、生命伦理观、生态伦理观等。以生命伦理观为例，有人认为，生命伦理观教育在于帮助人们成为一个有"人性"和"知性"的社会人。"人性"是指珍视自我、体恤他人和关心社会。"知性"是指有知识，而其核心就是要帮助人珍惜、欣赏自己和他人的生命并且活出自己生命独特的光辉与价值。在很多国家中，众生平等、珍视生命、敬畏生命和关爱生命等生命伦理观教育，都是人们从小就开始接受的最基本教育。恩格尔哈特认为，正是因为我们处于一个小的共同体之内，而不是在大规模的社会之中，一个人才能充分地融进道德内容和道德结构之中；正是人们处在一个具体的道德共同体内，一个人才能过着自己想要的生活，才能找到生命的意义和具体的道德指导；也正是因为处于一个具体的道德共同体之中，一个人才能真正地掌握充满丰富内容的生命伦理学。

高校是一个道德共同体，高校教育的目的就是使学生都能获得各种道德伦理知识，并且努力地指导自身的生活。高校伦理观的宗旨就是要促进大学生的德行快速成长，进而促进他们整体素质的全面提高和发展。也就是说，高校伦理观建设的最终目的在于注重人的发展，尤其是在伦理道德方面的发展。它将高校校园作为隐性教育的场所，为学生提供充满关心、尊重、友爱和互助的心理环境，使学生在良好的校园氛围中获得德行上的成长。

第三节　校园精神文化建设管理分析

一、校园精神文化建设原则

（一）方向性原则

要坚持党的领导和要以马克思主义理论思想为指导。校园精神文化体现着校园文化的实质，是校园师生员工的行为准则和精神支柱。党的领导是校园精神文化向社会主义方向迈进的重要保证，是校园文化坚持社会主义性质的精神支柱。

（二）教育性原则

古人云，"百行以德为首"。人无德不立，国无德不兴。道德建设的好坏，体现着一个国家民众的精神状态，影响着一个民族事业的兴亡盛衰。道德兴，国家兴；道德兴，民族兴——这是根据现实总结的结论。学校是教育人、培养人的场所，校园文化作为学校教育的一部分，首先必须突出教育性特点，时时刻刻不把握教育性原则，只有这样，才能充分发挥校园文化潜在的导向功能。要通过各种有效形式对学生进行爱国主义、集体主义、社会主义和中华民族精神教育，探求激发学生学习成才的规律，使学生的综合素质不断提高，并在形成正确的价值观的基础上提高学习成绩。

（三）科学性原则

校园文化建设是学校的一项整体工程，它涉及的范围广泛，需要调动方方面面的力量。学校应精心统筹，科学规划，合理安排，避免出现各行其是、相互掣肘的局面。例如：对于学生课余文化生活，一要建立组织系统，从领导机构到专、兼职辅导教师，再到学生必须环环相扣；二要根据学生的年龄、知识结构、心理特点，合理安排活动的内容，基本上形成序列，以满足不同年级、不同特点、不同兴趣爱好的学生发展的需要。要逐步开展校风、教风和学风建设。首先是校风建设。校风是全校师生员工共同努力，在长期教育管理中逐步形成的相对稳定的精神状态和作风。它是道德情操、学习风尚、工作态度的综合反映。从校风体现形式上看，校风主要表现在校训、校歌、校徽和校旗上。优良的校风激励着教师为人师表、教书育人，也鞭策着学生勤奋学习、积极向上。其次是教风建设。教风是教师在长期教育实践活动中形成的教育教学的特点、作用和风格，是教师的教育理念、道德品质、文化知识水平、技能等素质的综合表现。最后是学风建设。学风是指学生集体在学习过程中表现出来的治学态度和方法，是学生在长期学习过程中形成的学习习惯、生活习惯、卫生习惯、行为习惯等方面的表现。学风不仅受校风、教风的影响和制约，而且对校风、教风的形成起着促进作用。优良学风对学校教育教学质量的提高，对学生人格品质的发展和完善具有重要意义。

（四）艺术性原则

在校园文化建设中，要有艺术眼光，要让学生通过学校的设施、氛围等，处处受到艺术的感染，得到美的享受。校园环境的绿化、美化，应努力做到四季各有特点；学校文化活动的安排，也要融教育性、科学性和艺术性为一体，努力使活动开展得新颖、活泼有趣，使校园文化对青少年学生产生强烈的感染力和吸引力，促使他们主动、热情、积极地参与其中，从而使他们的思想情操自然而然地得到陶冶，心灵在无形之中得到净化。

二、校园精神文化建设存在的问题

大学校园文化越来越引起有关部门和各界领导的重视，并且，其主导着高校校园精神文化建设。但是不得不录认，在当前的校园精神文化建设中存在着诸多问题。

（一）校园网络文化造成的影响

自 21 世纪以来，信息科技已经成为不可或缺的一部分，但是网络对每位大学生的价值取向既有积极的影响又有消极的影响，可能使大学生在接触网络时得到一些消极的信息，使其原有的正面价值取向变得扭曲。现如今，在大学校园里的每一个人都可以通过手机得到其想要的新闻、消息、知识，但这却阻碍了大学生的思维方式的进步，使其更容易脱离实际，沉溺于虚幻的世界中，导致其对周围环境的认识和感受力逐步下降。如果不加以引导，他们就容易走上歧途。

（二）校园文化和大学精神的缺失

如今，大学精神衰微的现象日渐增多，这是因为大学校园精神文化的走势，功利化倾向的办学目标，不正统的官僚气息，以及缺乏独立意识和鲜明个性的办学理念、思想、教育等的影响。针对大学校园精神文化建设中大学精神的缺失以及存在的误区，应遵循社会主义文化本质的基本要求，改变校园文化建设的方向，使大学校园的精神文化越来越繁荣。

（三）校园文化的机制不完善

就目前的形势来看，有的大学的校园精神文化建设的机制未能达到科学理论范畴，不能使办学理念和精神面貌通过机制改变在校师生的行为准则，不能完善大学校园精神文化建设机制，而这一机制主导和制约了大学校园的物质文化、精神文化需求。在当前的大学校园精神文化建设过程中，主体的参与往往存在片面性，即通过各种大学校园文化活动仅仅进行了形式上的交流，这样既达不到文化建设的目的，又增加了师生乃至校园文化的负担。

三、校园精神文化建设的措施

（一）顺应时代潮流，坚持"以人为本"

在 21 世纪，社会、政治、经济、文化、生态的"五位一体"，决定着大学校园精神文化的基调。有着百年历史的学校乃至刚刚成立的院校，都顺应着时代的变化。建设大学校园不能脱离社会、时代，因为是它们使大学校园的生活日益完善。

（二）树立良好的校风

校风是一个学校各种风气的总和，是在学校办学过程中长期积淀而成的，是一所大学的灵魂和气质所在，它体现着学校的文化传统、管理水平和办学理念，是学校创品牌、树形象的重要保证。良好的校风既是教育和管理的成果之一，又在教育和管理上具有特殊的作用。它有一股巨大的同化力、促进力和约束力，能促进学生个体的成长。就其外在表现形式而言，主要包括学风、教风和工作作风。坚持以"立德树人"指导校园文化，就必须树立良好的校风。

学风是学生在学习过程中表现出来的治学态度。高校应坚持"以学为贵，以知为重"，帮助学生深刻了解求知对推动社会进步、成就事业和完善人生的重要意义，使他们形成自觉学习、积极探索、不断创新的人生态度和海纳百川的博大胸怀。

教师是教育和改革的实践者、开拓者，是中华民族文明得以传递的传承者、教导者，树立良好的师风对校园文化的建设具有至关重要的作用。品德高尚的教师作为校园文化的传播者，通过言传身教，将"太上立德，其次立功，其次立言"的真谛加以实践、传承、教导。"所谓大学者，非谓有大楼之谓也，有大师之谓也。"前清华大学校长梅贻琦曾这样说过。优良的学风更需要一些具有学术风骨、品德高尚的大师级人物以其品格、气质影响一代又一代的学生。此外，良好的工作作风也是优良校风的保证。

（三）开展丰富多彩的校园文化活动

建设以"立德树人"为核心的校园文化，需要以丰富多彩的校园文化活动为载体，让学生在轻松愉快的氛围中树立良好德行。

第一，积极开展学生校园文化艺术节、科技文化节、学生社团文化节、社会实践、志愿服务等校园文化活动。要以大学生艺术节、"挑战杯"科技创新作品竞赛、创业计划大赛、暑期"三下乡"社会实践等活动为载体，引导学生坚定正确的政治方向，提高思想道德素质和创新意识，丰富文化生活，推动学校形成厚重的校园文化和清新的校园文明风尚，使学生在日常学习、生活中接受先进文化和文明风尚的熏陶，在良好的校园人文、自然环境中陶冶情操，促进自我的全面发展和健康成长。

第二，开展寝室文化建设活动。宿舍文化是大学校园文化的重要组成部分，和谐的宿舍氛围对青年学生的成长成才具有非常重要的作用。随着高等学校学分制的实行，以班级为思想政治教育基本单位的情况正发生改变，寝室的育人功能更加突出。学校要通过开展多种形式的活动，探讨建设"美观雅致、文明理性、团结互助、积极进取"的寝室文化的方法、途径，引导学生积极行动起来，共建和谐寝室。

第三，广泛开展通识教育。通识教育作为造就具备远大眼光、通融知识、博雅精神和优美情感的人才的文明教育，是大学文化的应有部分，学校应广泛开展通识教育讲座，邀请在人文、社科方面有造诣的校内外专家举办学术讲座，开阔全校师生视野，提供精彩的"文化盛宴"。

（四）利用重大节日、庆典、重大事件等契机开展丰富多彩的文化活动

近年来，国家的大事、盛事不断，校园的文化活动、庆典频繁开展，德育工作者需要不断从中提炼新的德育命题，使之成为贴近现实的德育资源。相较于其他资源来说，重大事件、活动、庆典有以下特点：第一，被大学生广泛关注，有利于增强思想政治教育的吸引力、感染力；第二，其形式鲜活，可接受度强，能达到润物无声的效果；第三，有社会的主流宣传，易实现和谐共存，形成教育合力。如在阶段性历史发展过程中，国家先后经历了 2008 年的汶川地震、北京奥运会，2018 年的改革开放 40 余年，2020 年的中国人民抗日战争以及世界反法西斯战争胜利 75 周年，2021 年的建党 100 周年等重大事件，这些都给高校带来了校园文化活动资源。此外，高校常规的开学典礼、毕业典礼、迎新晚会等也是有效的文化活动育人资源。

（五）凝聚师生心智，提炼大学精神

每一所大学的校园文化都与众不同，而大学精神文化是大学文化的核心。学校可以利用开学典礼、毕业典礼、校友会等一系列大型活动，在丰富其大学校园精神文化的同时，对大学文化精神进行探索、讨论、提炼，引导学校领导进一步宣传总结、培育校友、弘扬发展，使大学精神文化建设逐渐成为学校重要的精神，从而有力地推进办学特色和发展战略，为建设海内外知名且具有特色的研究型、学术型、科技型大学提供强大的精神动力及财富。

四、高校精神文化建设案例

浙江大学坚持将强化大学生社会主义核心价值体系教育作为校园文化建设的重要内容。其利用新中国成立 70 周年、建党 100 周年等重大历史契机，2021 年开展"红色寻访"主题教育，组织近万名大学生走访全国"12 个重点红色基地区域、30 条红色精品线路、300 个红色教育基地"，开展"参观一个革命教育基地，寻访一位老革命、

老党员，采访一位典型人物"实践活动，让广大学子通过瞻览党的光辉历程和无数革命先辈艰苦卓绝的奋斗史诗，进一步坚定不移地听党话、跟党走，激发报国强国的责任感和使命感。

待学子返校后，该校又通过开通红色网站、红色微博，组织报告会、感悟分享会、座谈会，举办图片展，制作红色 Flash，进其他高校、企业、社区宣讲党史，与革命老区学校结对等一系列深化举措，拓宽宣传渠道，提高活动影响力，提升教育成效，营造浓郁的红色校园文化氛围，用红色革命激情坚定大学生的信仰，使其树立起牢固的社会主义核心价值观，为数万名大学生上了党史学习教育的生动一课，取得了显著的成效。

浙江大学的"红色寻访"主题教育活动形式新颖、效果深入、影响广泛，得到了多位中央及省部级领导、社会各界人士的充分肯定和高度评价。央视《新闻联播》、新华社以及《人民日报》《光明日报》《中国教育报》《中国青年报》《浙江日报》等媒体持续关注；人民网、新华网、中国教育网、光明网、浙江在线等网络媒体做了大量转载与报道。

第四节　校园精神文化的培养

一、大学精神在校园文化建设中的作用

（一）弘扬优良传统，实现文化引领，在大学精神的传承与创新中推进大学校园文化建设

大学精神既是高校历史文化的积淀，又是时代精神的升华。作为中华民族传统历史文化的一种传承和发展，我国许多高校的大学精神都融合了中华民族优秀传统文化的精神元素，成为这些高校生生不息、永葆活力的宝贵精神财富。同时，大学精神也与高校自身发展的历史传统息息相关。大学精神既要植根于历史传统，也要

立足于当代，与以改革创新为核心的时代精神相契合。总之，大学精神的传承和创新为高校实现文化引领，推进校园文化建设奠定了深厚的文化根基，提供了源源不断的精神动力。

（二）凸显人文关怀，在人文精神与科学精神的交融中推进大学校园文化建设

在高校，大学生既是大学精神创新和培育的主体，也是校园文化的建设主体。在大学校园文化的建设中，必须坚持以学生为本，凸显人文关怀，大力弘扬和培育人文精神和科学精神。在实践当中，既要把教育人、引导人、鼓舞人与尊重人、理解人、关心人结合起来，把人文关怀送到校园的每个角落，又要在高校校园内营造一种追求真知、崇尚科学的气氛。只有这样，才能不断提高大学生自身的人文素质和科学素质，并且充分发挥其在建设校园文化中的作用。

（三）秉承公正，兼容并蓄，在批判精神和包容精神的交相辉映中推进大学校园文化建设

批判精神是大学精神所固有的部分，作为学术研究和文化创新的重要基地，高校只有秉承公正，对各种学术观点和文化理念作出公正客观的价值评价，才能真正发挥其对学术和文化发展的引领功能。包容精神是一种兼容并蓄的开放精神，是一所高校谋求高端发展的生存之道、生命之源。在高校，坚持包容精神，就是要依据社会主义文化发展的基本要求，树立多样共生的意识，从不同学术和思想文化的争鸣、比较中汲取养分，求同存异、和合共存。唯有如此，高校才能成为新知识、新思想产生的摇篮和基地。

二、培育大学精神应注意统一性

1.普遍性与特殊性的统一

一所大学特有的大学精神，既要体现所有大学的总体特性和普遍要求，又要彰

显自己的个性特点和鲜明特色。从这个意义上来说，大学精神是普遍要求与个性表达的有机统一。培育大学精神，既应着眼于所有大学的普遍性，即共性，又应立足于每所大学的特殊性，即个性。

作为一种社会组织，所有大学有共性。人才培养、科学研究和社会服务，是大学最基本的职能。因此，育人为本、科学求真、批判创新、责任担当等，应该是所有大学的普遍价值追求。对于任何一所大学来说，在培育自己的大学精神时，理应全面体现所有大学的普遍价值追求。但就每一所大学而言，由于特定的历史传统、地域特色、社会环境、办学理念等方面的差异，又应有个性。尤其是在当代，大学之间的角色分化越来越明显，出现了形态迥异、各具特色的各类大学，因而也必定会孕育出特殊的、富有个性的大学精神。一所大学的富有个性的大学精神，是这所大学在长期发展中沉淀的思想精华，集中反映了这所大学的个性追求和办学特色。如果没有富有个性的大学精神，一所大学就难以有强大而持久的生命力。因此在培育大学精神时，每一所大学都应该在充分挖掘传统文化资源、紧密结合时代要求的基础上，根据学校发展的理念、战略和规划，建构具有自己特色和个性的大学精神。

2. 传承与创新的统一

大学精神的培育，既是对历史传统的一种积淀和传承，又是对当下现实的一种批判与创新。大学精神要在传承中创新，在创新中传承，在传承与创新的统一中实现传统精神和时代精神的融通。

传承就是有选择地吸收、传播和发扬民族的、大学的优良文化传统。之所以要传承民族的优良文化传统，是因为任何类型的大学都是在特定民族文化的熏陶中诞生和延续的。培育大学精神，必须广泛吸收本民族的优秀文化传统，体现民族的精神、气质和性格。之所以要传承大学的优良文化传统，是因为一所大学特别是办学历史较长的大学，在办学过程中往往会形成一些独特的文化传统。这一独特的文化传统是其大学精神得以生成和发展的最为重要的资源之一，大学精神就孕育于这种传统之中。一所大学要培育自己的大学精神，就必须系统总结长期以来的办学思想和经验，继承优良的、有生命力的文化传统，并且采取制度化的方法，使全校师生员工能够理解、认同并且弘扬这些文化传统。除了传承以外，创新也是培育大学精神的重要环节。创新就是立足现实，体现时代要求，不断丰富大学精神的内涵。每一所大学都应根据时代要求与社会需要，树立创新观念，养成创新思维，增强创新能力，不断对既有的大学精神进行完善和超越，从而丰富和发展自己的大学精神。

3.合规律性与合目的性的统一

大学精神的培育，既是一个遵循大学发展规律的自然历史过程，又是一个不断满足和实现人的需要的能动过程，是合规律性与合目的性相统一的过程。合规律性是合目的性的前提，合目的性是合规律性的归属。

培育大学精神要坚持合规律性的原则。所谓合规律性，就是要不断认识和把握大学发展中各组成部分及各个环节之间的本质联系和必然趋势，按照大学发展客观规律的要求，形成科学的大学发展理念、战略和规划。合规律性就是求真，即求真务实。它要求我们在培育大学精神时不能急于求成，希冀一蹴而就。真正的大学精神都是源于大学长期的历史发展和文化传承的，需要世代大学人按照大学发展的客观规律进行科学探索和精心培育。培育大学精神还要坚持合目的性的原则。所谓合目的性，就是在认识和遵循大学发展客观规律的基础上，坚持以人为本，把实现人的目的和促进人的全面发展作为培育大学精神的根本。合目的性就是求善，即人文关怀。大学不是抽象的存在，而是由现实的人构成的，大学精神是通过现实的个人来体现和实现的。因此坚持以人为本，加强人文关怀，是培育大学精神的重要环节。坚持以人为本，就是在培育大学精神的过程中要以学生为主体，以教师为主导，充分发挥广大师生员工的积极性和主动性；加强人文关怀，就是在培育大学精神的过程中要尊重人、理解人、关心人、爱护人，使广大师生员工切身体验、真正认同和充分接受自己所在的大学，把大学作为自己的精神家园。

4.理性与激情的统一

大学探究知识、追求真理、传承文化、积极创新的过程，是一个理性与激情交相互动的过程。因此，大学精神也是介乎理性与激情之间的一个范畴。这决定了大学精神的培育既是一个理性探索的过程，也是一个激情洋溢的过程。培育大学精神，既需要激情的理性，也需要理性的激情。

理性是大学尊重科学和追求真知这一本质属性的体现。现代大学是传递、应用、创造高深知识的场所，是进行精神生产和文化传播的场所，培育大学精神需要实事求是的科学态度、追求真理的探究精神、敢于质疑的批判勇气。大学必须坚守学术为本、理性探究的科学精神。只有这样，大学精神才能不断孕育发展并臻于完善和成熟。大学精神又体现为一种活力，它最终要通过个体富有激情的行为来彰显。马克思指出，激情、热情是人强烈追求自己的对象的本质力量。列宁也指出，没有"人的感情"，就从来没有也不可能有人对真理的追求。激情表现为对特定目标的高度关注和强烈情感投入，表现为一种对未知事物的兴趣、对真理的热爱、对社会和国家的责任感、对事业的忠诚等。激情催生探索、触动灵感、驰骋想象、激发创造，激励大学人在干事创业中进取、拼搏和创新，是大学发展不可或缺的精神力量；缺乏激情，大学人就会失去想象力，失去创新的冲动和勇气，大学也就会缺乏生机和活力。从这个意义上来说，激情是培育大学精神的原始动力。

5.说与做的统一

培育大学精神既是一个理性思考、思想碰撞和言语谈论的"说"的过程，又是一个见诸行动、付诸实践和追求实效的"做"的过程，是"说"与"做"相统一的过程。这种统一是唯物主义知行观的基本要求。

大学精神既以观念形态呈现于大学的办学理念、校训、校风等校园文化之中，又以物质形态内蕴于大学课堂、基础设施、校园风景等客观环境之中。培育大学精神需要"说"。说即知，亦即知识传授、理性探索、理论求解、思想交锋等。大学精神常常以特定的概念或命题来概括、表达和呈现。培育大学精神，需要大学人的自觉思考，需要一代又一代大学人自觉地总结、概括和完善大学的办学理念、校训、校风等。培育大学精神更需要"做"。做即行，亦即积极行动、勇于实践、谋求实效等。

大学精神不是人为设定的，也不是少数人头脑中的理念产物，更不是简单的应时口号。从根本上来说，一所大学的精神既是在其长期的办学实践过程中所形成的约束大学行为的价值取向和规范体系，以及体现这种价值取向和规范体系的独特气质，又是超越"象牙塔"向公众展示出的品牌形象，是一种需要用行动来体现的价值观，是"行"和"做"。只有在切实的践行中，大学精神才能确证自己的真实性，真正发挥凝聚人心、传承文化、引领社会、匡正时弊的功能，并且不断使自身趋于成熟和完善。

第四章　校园制度文化建设管理

第一节　校园制度文化概述

一、校园制度文化的相关概念

（一）制度的界定

我国目前学术界使用的"制度"一词，源于英译。"制度"的内涵一直是中外学者争论的一个话题，而最能精确界定西方"制度"一词的定义是"由规则调节者建立起来的秩序"。对于这一定义可以从下列方面理解：一是作为社会生活中实存的一种建制结构的综合体；二是这种建制结构的综合体包括正式与非正式的规章制度与规范；三是这种建制结构的综合体形成的过程。由此可见，制度或者是现实社会中实际存在的规章制度和建制结构，或者是"典章化"与"法典化"的过程。

（二）现代大学制度

现代大学制度，是指大学为顺应现代社会发展要求，在政府的宏观调控下，面向社会依法自主办学、实施民主管理、全面落实大学作为法人实体和办学主体应该具有的权利和责任相统一的管理制度，反映了大学与政府和社会的关系的治理模式、制度规范和行为准则。其内涵包括两个基本维度：第一个维度是关于大学的体制设计，涉及大学与政府的关系、大学与社会的关系、大学与大学的关系等；第二个维度是关于大学内部机制安排，主要表现为大学的内部治理结构。其特点主要表现在五个方面：一是政校分离，学校自治；二是大学办学自主权；三是制定大学章程，循章自主管理；四是建立科学合理的决策体制和高效快捷的运行机制；五是实行教授治学，将行政权和学术权合理分离。

现代大学制度是高等教育实践理性的产物，没有高等教育的实践活动，就不可能出现对现代大学制度的需求，也就不可能有现代大学制度的产生与发展。历经600多年的艰辛探索，西方现代大学制度的基本框架才趋于完善。为防止政府、党派、教会以及世俗力量干预大学事务，遂产生了大学自治制度；为保证大学教授不受任何外在约束，自由充分地表达思想观点，遂产生了学术自由制度；为维护学者地位平等和权力公允以及使大学按照大多数学者的意志发展，遂产生了大学内部的民主管理和学者治校制度。正是以大学自治、学术自由以及内部的民主管理等为主要内容和表征的现代大学制度的建立，才保证了大学这一教育和学术机构始终保有活力与生机。

（三）制度文化

制度文化是人类为了自身生存、社会发展的需要而主动创制出来的有组织的规范体系，主要包括国家的行政管理体制、人才培养选拔制度、法律制度和民间的礼仪俗规等内容，是文化层次理论的要素之一。制度文化是人类在物质生产过程中所结成的各种社会关系的总和。社会的法律制度、政治制度、经济制度以及人与人之间的各种关系准则等，都是制度文化的反映。

理解制度文化的内涵，可以从下列三方面分析。

1.制度文化是由三个层面构成的

一是由传统、习惯、经验与知识积累所形成的制度文化的基本层面；二是由理性所设计和建构的制度文化的高级层面；三是包括机构、组织、设备等的实施机制层面。其中，制度文化的基本层面是一个自生自发的规范层面，反映着价值观念、道德伦理、风俗习惯等文化因素。制度文化的高级层面则是一个由人类有意识的、

119

有目的的理性所设计和建构的制度层面，反映着一个社区、一个社会、一个国家经法律制度确认的政治、经济、社会、文化等正式制度层面。制度文化的基本层面与高级层面是相互统一与协调一致的，是实现制度文化功能的关键。

2. 制度文化是文化的规则层面和秩序系统

文化作为一个复杂整体，其意义系统必然会体现为一定的规则和稳定的秩序。也就是说，制度文化的这一特征表示，文化不仅是人的心理精神活动，也是人类全部活动的整合。所以人类的心理精神活动势必会寻求一个适宜的环境，用以保证和维系精神文化的生存。而这个环境，就是指个人之间或群体之间反复博弈的自然选择的秩序，或者是指设计或建构的规则。据此，制度文化突出了对人类心理精神活动的兼容性、协调性和互补性。有效的制度文化一般都是两者和谐的产物，而无效的或过度的制度文化，往往使两者之间充满着矛盾、冲突、缺陷及困惑。

3. 制度文化是文化的集中体现

制度文化作为文化的集中体现，反映和维系着文化的物质层面、精神层面构成的整体。从这个意义上来说，制度文化作为文化的集中体现，在文化的三个层面或三个系统中发挥着决定性的作用。制度文化的这一特征表明，文化的演进虽然是文化三个层面或三个系统的协调互动，但是文化整体的协调互动必须依赖一个良性有效的秩序，这唯有通过制度文化的规范才能实现。

（四）高校校园制度文化

高校制度文化既包括学校长期形成的道德规范、师生之间惯常的互尊互爱的礼仪习惯，也包括成文或约定俗成的规章制度等，它既是高校在发展中长期积累与沉淀的结果，也是学校为适应教学管理由专门部门经过特定程序制定的，是高校发展的内在支撑，是调节高校社会关系的稳定器。高校校园制度文化主要包括学校管理体制、组织结构和规章制度等。

1. 管理体制

高等教育管理体制是指与高等教育管理活动有关的组织制度体系，有宏观和微观之分。高等学校的宏观管理体制是指国家为协调和指导高等学校的办学而在有关机构设置、隶属关系、权限划分上的各种制度的总和，它集中反映了在一定的社会系统中高等学校与政府之间的关系。高等学校的微观管理体制，一般指高等学校内部管理体制，是高等学校人、财、物的配置，招生、专业设置、课程设置、教学组织等事务的责任权限划分，是高等学校内部管理的各种制度的总和，是高等教育管理体制的基础与细胞。

2. 组织结构

组织结构是组织活动的存在形式，组织活动则是组织结构存在和发展的动力及源泉。没有组织结构就无从开展组织管理活动，更谈不上实现管理目标。对组织这一概念有人解释为：为了达到某些特定目标而形成的具有分工与合作以及不同层次的权利责任制度的人的集合。

高校的组织结构是大学组织内部结构要素在外部诸要素的作用下组成的具有一定关系的形式。大学组织结构的优劣、合理与否直接影响到大学功能的发挥和大学战略目标的实现。大学的组织结构一般分为管理组织结构和学科组织结构。管理组织结构是指高校党政管理部门及群团组织，其为学科组织结构提供咨询、协调等服务。大学组织结构的变动主要包括组织结构的调整、增减，职能的转变，以及组织结构间的职责、权限、隶属关系的重新划分与界定。学科组织结构指高校按学科设置的学术管理机构。

3. 规章制度

高等学校规章制度是高校为了实现国家的高等教育目的和学校的办学目标与理念，依据有关法律法规以及方针政策，按照一定程序自主制定的，在全校范围内实施的，对学校各项工作和各类人员有普遍性约束力的章程、条例、规定和办法等规范性文件的总称，是要求师生员工共同遵守的行为准则，也是高校一切日常管理工作的重要依据和行为规则。高校规章制度建设是高校在结合自身实际的情况下，对国家法律法规和各种行政规章的具体诠释和贯彻落实，是学校管理权延伸的重要体现。完善的规章制度体系是高校依法办学、依法治校的重要保证。

二、校园制度文化的形成阶段

通常来讲，校园制度文化的形成大致需要经历以下四个阶段。

第一阶段：萌发期。学校在成立之初，需要依靠一定的规章制度引导校内的各项工作步入正轨。学校在这一时期的规章制度的结构、内容比较单调，并且其中效仿成分居多，会充分参考他校的制度体系和经验，学校领导的主观意志可能会起到决定性的作用。

第二阶段：成长期。学校各项工作有章可循，学校领导逐步吸取本校师生员工的意见，完善现有制度，试图形成适应自身发展的模式。这一阶段与前一阶段可并称为"准制度文化"阶段，学校还未能建立真正的具有本校特色与风格的制度文化。

第三阶段：成熟期。在建立了基本的制度保障的基础上，学校通过挖掘自身蕴含的习惯礼俗，向已有的制度体系中渗透本校其他的文化因子，充分展示学校在观念、心理、行为等方面的特色，最终形成真正的制度文化。这一阶段是制度文化的结果期。在此时，校领导的主观影响退居次席，长期沉淀下来的文化定式将牵引学校制度的发展。

第四阶段：发扬期。制度文化在形成后还需要学校成员的共同浇灌、培植，才能吸纳新鲜成分，形成开放型的制度文化体系。这一时期可称作"后制度文化"阶段。

三、校园制度文化的特点

随着管理制度的沿革与演变，高校制度文化逐步形成了与客观环境紧密相关并且为历代大学人所认可与接受的内在特征，包括历史时代性、规范与执行性、多层次性以及隐蔽性。

（一）历史时代性

高校管理制度虽是学校内部的行为模式与准则，却与学校所处的外部环境密不可分。管理制度的变迁与调整，首先是顺应外部环境的需求，然后根据自身的需求进行扩展与延伸。学校不少的制度规范必须按照国家高等教育的有关方针政策执行及落实。社会对高等教育、大学学者、大学生等需求的变化同样影响着高校内部组织和制度的调整。因此在不同的历史时期，高校制度文化有着鲜明的历史时代特征。高校制度文化的历史时代特征体现在管理制度的演变上，而管理制度的演变也反映了制度文化必须是顺应时代变迁与发展而逐步形成的。

（二）规范与执行性

教育界普遍认为，大学文化通常包括由价值观、理想追求、思维模式、道德情感等构成的精神文化，由大学的组织架构及其规则构成的制度文化，以及由大学的物理空间、设备、设施等构成的环境文化三个层面。与精神文化和环境文化不同的是，制度文化以管理制度为载体，其内涵体现在管理制度的设立、制定与执行当中，而管理制度本身以组织机构、制度条文来实现高校在办学治校过程中对日常事务、教学科研、师生言行等方面的规范管理，让学校合法、有序、科学地正常运作与不断发展。制度文化的规范性只有通过高校管理者对管理制度的执行与落实才能得以真正体现。假设管理制度未能得到执行，那么它就没有存在的意义。只有管理制度得到规范与执行，制度文化的意义才能真正体现。

（三）多层次性

在高校管理制度的变迁过程中，无论是组织机构的设立与撤销，还是制度规范的制定与修订，都有演变的规律可循，而制度文化的多层次性则体现在其中。建校初期，学校的组织机构相对简单，在不同的阶段，纵向以筹委会、党委等为学校的主导架构，下设1~2级行政机构；横向以行政为主，尚未有正式的教学机构，只有专业设置。制度规范也相应有所制定，多以学校层面为主。进入20世纪80年代后，学校管理组织架构逐步完善，分工更加细化，经上级批准，先后成立了党委办公室、组织部、宣传部、统战部、纪委、学院办公室、人事处、教务处、科研处、研究生处等多个党政职能部门，在专业设置的基础上成立四个教学机构，形成了一个行政、教学、科研管理分工明确、职责清晰的架构体系。由此可见，高校制度文化呈现多层次的特征，并且在高校的管理领域中时刻发挥着影响与作用。

（四）隐蔽性

谈到大学文化建设，多数学者从大学的精神文化和环境文化的角度进行研究，而高校管理者在文化建设中同样注重环境文化与精神文化建设。环境文化建设可以通过改造校园环境得以实现。学校只要投入一定的经费，对建筑物、校道、公共绿地、图书馆等构成校园环境的景物进行人文设计与改造，即能在短时间内向师生展现校园人文风格，从而实现环境文化建设的作用与功能。精神文化建设更是高校文化建设的重中之重，校训、校徽、校歌、校旗中能够显示学校特征的图标、文字、物品等均能直观地向外界展示学校的面貌、文化与特色。唯有制度文化介于环境文化和精神文化之间，隐藏于学校内部管理当中，只有通过长期的制度变迁与调整才能显现其中的内涵与影响，并且不易被关注与重视，具有隐蔽性特征。

四、校园制度文化的功能

（一）育人功能

校园制度文化的育人功能可以说是无比强大的，其突出的特点就在于它是一种无形的精神力量，能潜移默化地同化着校园中的每一个个体。一所学校所特有的传统、仪式、规章、制度等都在同化着每个成员，而每个成员也都在自觉与不自觉中进行着继承或发扬。大学应结合大学生的身心发展特点、学校的办学和管理理念、学校的文化传统、学校的发展历程，以及对先进文化的借鉴与思考，来积极地营造、构建自己的校园制度文化。这样形成的校园制度文化可以积极地影响校园个体的政治素质、价值取向、知识技能、人格心理等诸多方面。在不断的感染和熏陶下，人的思想得到了塑造，心灵得到了陶冶，个性得到了发展，这也将更有利于全面地推进教育改革及素质教育的发展。例如，湖南第一师范学院为开展"两型"校园建设，制定了一系列关于资源节约建设和环境友好建设的相关规章和制度，通过教室资源整合、校园绿化规划、资产申报管理等各项制度的建立和完善，采用校园网络宣传、健全广播系统、师生共同监督等形式强化校园制度文化的育人功能。实践结果为：学院每年用水量、用电量逐年递减，校园环境的绿化与维护得到保障，图书馆和教室传出浓郁的书香气息，各职能部门和系部对资产进行有效管理和使用，师生自觉参与文明校园创建，好人好事、志愿爱心活动不断涌现，大学生思想政治素质和修养明显提高，整个校园呈现出健康、文明、和谐的良好文化氛围。

（二）规范与约束功能

一所高校的健康发展需要有许多硬性制度约束，如危害自己和他人健康的在大学公共场所吸烟的现象，校园内的"大嗓门"现象，公交车上大学生对病人、老人不让座的现象，大学生恋爱行为的"大胆"与"张扬"现象，大学生评优评先缺乏民主和公平的现象，以自我为中心的自私自利行为等。当高校师生遵守制度规范并行动时，制度设计背后潜在的价值取向与认知模式，也会慢慢积累形成高校师生的意识，最后变成一种"传统"，一种根深蒂固的意识形态。尤其当制度的精神内涵、规范形式和行为指标合法化和正当化时，制度中潜藏的价值规范同时也会神圣化，从而成为高校师生行动的主要依据。因此，充分发挥校园制度文化的规范约束功能，能更加有效地营造一个规范、公平、正义的校园文化氛围。例如，湖南第一师范学院的学生管理制度就学生的言行举止提出了"十不准"，目的在于有效倡导学生规范自身的文明言行，体现当代大学生良好的道德修养；在制定学生评先评优考核制度中确保程序规范、民主选举、公平公正、公开公示等，展示了校园制度文化的内在魅力。

（三）导向与激励功能

制度是约束个体行为的标准和行为模式，是促使人们从非道德走向道德之崇高境界的重要保障。一所高校的健康发展离不开成熟的校园制度文化，它具有激发人的积极性和能动性的作用，并且对人的生存和发展的手段、目标具有导向作用，能够激发大学生的潜能、激情，使其朝着理想境界不断地努力奋斗。作为大学生道德教育的一种手段，校园制度既可作为一种奖励手段，又可作为一种惩戒手段。诺斯曾做了一个比喻，形象地说明了制度在道德教育中的激励作用。他说，如果社会中存在着对海盗行为有利的制度，则海员就会变成海盗；反之，倘若社会创造了对交易有益的制度和环境，海盗就会变成海员。由此可见，校园制度的发展与健全表现出强大的导向和激励功能。在校园制度建设中一定要建立健全激励机制，否则会极大地挫伤师生教书育人、学习成长的动机和做好事的积极性。只有当完善的道德激励机制和个体良好的自身素质相得益彰时，大学生才能自觉遵守校纪校规、社会公德，向往更高的道德境界。与此同时，恰当的惩戒制度是调节大学生行为的有力手段，从而使其明确哪些行为可以做，哪些行为必须做，哪些行为禁止做。当利益冲突发生时，为了保障共同利益而约定的规则体系、惩戒制度就将发挥其功能。例如，湖南第一师范学院不断致力于完善学生奖助贷制度，设立了严格的奖学金评定考核条件、人性化资助贫困生求学条例、诚信至上贷款帮扶规则等，在广大学生中形成了"人争先进、人穷志不穷、诚信在我心中"的良好校园文化氛围。

第二节　校园制度文化建设管理分析

一、当前高校制度文化建设存在的问题

（一）高校校园制度不完善

高校能否真正做到规章合理、纪律严格、管理科学，关键在于校园制度文化的开发程度怎样。当前，高校在制定学校规章制度时往往缺乏文化色彩，条文中关于目标追求、素质要求、价值追求、作风态度等精神文化方面的条款的地位尚未突出，侧重维护管理者与师生员工之间的管理与被管理关系，而忽视规章制度应有的公平性，对校领导与全体师生之间的协作关系欠缺重视，表现出明显的功利性。或者虽然有某方面的制度，但相关配套制度的制定没有跟上，甚至有法不依，导致制度的完整性无法实现。制度内容的残缺不全导致其不能将行之有效的行为准则和道德规范确定下来，这既不利于制度创新，也不利于制度文化建设。

（二）高校制度文化建设中民主参与意识不强

校园规章制度的民主化主要体现在人人参与管理，人人主动管理。高校各种规章制度的制定是否客观公正、制度内容是否反映绝大多数人的利益要求、实施过程是否民主都直接说明了校园制度文化的民主化程度。当前我国高校的内部管理采取一以贯之的行政管理手段，实施自上而下、权力集中的金字塔式管理体制，使得学校师生的民主参与意识不强，参与度普遍较低，制度文化的建设很难体现民主性、透明性和普遍性。尤其是一些师生制度意识薄弱，缺乏制度观念，甚至对制度熟视无睹，出现不认同制度、不执行制度、不督促落实、不遵守规章制度的现象，使得制度形同虚设、流于形式，这从另外一个方面也反映出了高校制度监督体系的薄弱。

（三）高校制度文化建设缺乏系统性、权威性和连续性

高校校园制度文化是多层次的，有正式的、非正式的，有学校颁布的，有各职能部门、各院系自行颁布的，形成了多头管理、交叉重合、政出多门的局面，缺乏系统性。与此同时，过分注重制度的数量而不看重制度的质量，太多的制度条文、太多的繁文缛节、太多的条条框框将师生置于被支配和被控制的依附性地位，成为制约师生道德发展的桎梏。而且当前各高校的校园制度大多数是自上而下制定的，大多只考虑管理者管理的需要，而较少征求广大师生的意见，导致师生对制度缺乏认同感和信任感，加之在制度的形成过程中忽视严格的审批程序，使得其权威性明显降低。也正因为如此，随着领导的更换，各种规章制度经常加以修改甚至重新制定，导致制度缺乏连续性，进而影响其可操作性，从而陷入"说起来重要，做起来次要，忙起来不要"的怪圈。

（四）高校制度文化建设缺乏"以人为本"的管理理念

高校制度文化建设对校园文化建设具有重要意义，它既能使管理步入法治化的轨道，又能营造一种促进师生自然成长的理想化氛围。然而，当前不少高校在进行校园制度文化建设时缺乏"以人为本"的管理理念，甚至某些高校领导凭个人意志就决定了该校制度文化的价值取向。部分高校在制定制度的过程中重惩罚、轻奖励，以节约经济成本来获得表面上的权威管理，却没有意识到校园规章制度过于严厉，惩罚过于强势，从而使整个校园失去应有的活力，造成师生精神紧张。这种制度根本无法彰显出现代人所推崇的"以人为本"的管理理念。

二、高校校园制度文化建设的措施

（一）建立完善的高校校园制度文化体系

爱尔维修指出："当人们处于从恶能得到好处的制度之下时，要劝人向善是徒劳的。"因此，制度建设对于整个高校建设来说起着基础性和根本性的作用，建立现代

大学制度文化必须以制度建设为依托和突破口。只有加快有效的制度供给，充分发挥制度对师生行为的规范引导功能和激励功能，降低德行成本，才能从根本上实现大学的良性发展。一方面，要通过校园网络、校报、广播开展宣传活动，普及制度常识尤其是法律知识，增强师生的民主法治观念；另一方面，要贯彻民主集中制原则，充分尊重和赋予教师、学生参与各项规章制度的制定权和质询权，培养他们的制度正义意识、制度约束意识、制度平等意识等。并且在实施过程中充分体现民主性，变"自上而下"为"自上而下"与"自下而上"相结合的方式。当然高校制度并不是一成不变的，应当及时进行修改、补充和完善，应当围绕客观、公平、规范、科学的目标，与时俱进，不断创新，力争建立完善的制度文化体系。例如，湖南第一师范学院在近两年颁布实施的人事分配制度改革方案的制订过程中，充分遵循了民主集中制原则，充分发挥了每一位教职员工的主观能动性，从初稿的反复斟酌、拟订、征求意见、反馈、修改，到试行稿的初步实施、意见征集、审核修改，真正培养广大教职员工树立了制度参与意识和制度平等意识。

（二）力推依法治校，提高校园制度文化建设的权威性

依法治校是建设法治国家的基本要求，高校校园制度既要同法律法规保持高度一致，又要成为建立良好校园制度文化的保证。因此高校应当制定出切合实际、维护广大师生员工的合法权利的规章制度，强化制度管理，淡化人为管理，维护正义，树立其权威性。并且做到"有规可依，有规必依，执规必严，违规必究"，保证学校规范有序、高效协调地运行。例如，湖南第一师范学院自升本以来进一步完善了党风廉政建设制度，并且依托制度在广大党员中开展了廉洁自律的教育活动，充分发挥了党员干部的带头示范作用。同时还借助学院共青团工作平台面向广大青年学生开展"廉政进校园、廉政进班级、廉政进寝室"以及"清风书画展"等活动，既树立了制度的权威性，又保证了制度的有效实施。

（三）以人为本，突出校园制度文化建设中师生的主体地位

现代大学最重要的办学和管理理念就是"以人为本"，坚持教师第一、学生第一，做到约束公权、保障私权、尊重人权是搞好管理的先决条件和关键。因此校园制度建设应坚持充分尊重人的权利，满足人的需要以及促进人的发展。学校制定的各项规章制度应当是全体师生能够接受的制度文化，应尽量避免惩罚性规定。要将制度的原则性与人性化管理的灵活性结合起来，创建彰显人文关怀的管理育人环境。每一位师生员工都应当是校园文化制度的建设者，都应当处于主体地位，在加强校园制度文化建设时，学校各级管理人员、教师、学生各主体间应该相互熏陶、教学相长、有机结合，以营造良好的校园制度文化环境，促进高校校园制度文化的发展。例如，湖南第一师范学院在关于学生学费缴纳制度的制定中充分体现了"以人为本"的人性化理念，为贫困大学生开辟绿色通道，通过奖、助、贷、减、免等渠道，尽可能杜绝大学生因为贫困而无法就读的现象。

（四）重视对高校社团制度文化建设的指导，彰显社团文化的魅力

社团文化是高校非正式群体文化的典型代表，重视加强高校社团文化的建设和指导是高校校园制度文化构建的重要举措之一。高校通过各类型社团的组建，以及社团管理制度和财务制度的建立与完善，使学生充分激发兴趣、发挥个性、施展特长、陶冶情操、丰富知识、增长才干。在对高校社团进行指导时，尤其要重视实践类社团的发展，组织学生开展多种形式的社会实践活动，使学生坚持理论与实践相统一，坚持学习书本知识与投身社会实践相统一，逐步摆正个人在社会中的位置，将个人的命运同祖国的发展联系起来，按照社会与时代的要求塑造自己。

三、高校制度文化建设案例

吉林大学高度重视学生德育工作的创新发展，紧紧依托学科综合优势，凝练吉

大精神，以学生德育工作创新示范基地为抓手，整合全校综合资源，以调研和实践为突破口，务求特色、实效和实用，着力破解德育工作中存在的整合性不强、针对性不够、实效性不足等问题，探索建立了与高水平研究型大学相适应、相协调的学生德育工作发展模式，有力地推动了学生德育工作的科学发展，完善了制度文化建设。

建基地，重引导，求特色。吉林大学建立了九个学生德育工作创新示范基地：红色传统教育基地、亲情工作室、育德苑、学生法律素养培育基地、天使心职业道德教育基地、四光苑、工科学生职业素养教育基地、心理驿站、竹青知行园。每个基地都体现了不同学科背景下的德育文化传统。如四光苑以地学部资源为依托，以李四光院士的科学创新、热爱祖国、勇于创造、埋头苦干、勤于实践的精神为德育工作支点，形成了具有地学特色的基地；天使心职业道德教育基地以白求恩的无私奉献精神及南丁格尔的爱岗敬业精神为学生德育工作的主线，创建了旨在培养学生国际视野和国际主义精神的德育基地；工科学生职业素养教育基地以饶斌（享有"中国汽车之父"的盛誉）自强不息、襟怀坦荡、坚定信念的精神为德育之基本，着力提升工科学生的职业素养。

敢突破，重整合，求实效。吉林大学勇于突破传统德育工作模式，从整合德育教育资源入手，以吉大精神为支柱，依托校内、校外两种资源，调动教育者和受教育者的积极性，坚持党组织引导和学生自主参与的双向互动，多角度激活各种功能要素，打造出全新的教育模式，实现了德育工作从点到面、从量到质的全面跃升。一是组织引导，构建机制。吉林大学在全校范围内开展"学生德育工作创新示范基地"的创建和评选活动，制定了严格的工作方案，以文件形式下发，指导其立足自身工作基础，明确主题定位，精心制定基地规划，完善工作机制，确保组织机构、工作人员和建设经费到位，学校统一制定评定遴选标准，使基地的建设和发展更具有导向性。二是优化资源，增强实效。每个基地的活动均广泛面向全校学生，突破学院自身局限，使基地具有很强的开放性。各基地以一个或者多个学院资源为依托，使资源进一步整合，让学生更系统、更科学地接受德育教育。各个基地还针对学校学生的思想实际和特点，通过不同视角、不同方式、不同主题、不同内容的设计，让不同的学生都能找到适合自己的德育教育平台，增强了教育的针对性和实效性。

抓调研，重实践，求实用。吉林大学在德育工作中，创造性地践行知行合一的教育理念，把社会实践作为德育教育的重要课题，特别是作为示范基地的核心内涵，打牢了德育教育的实践基础，促进了学生成长成才。2012年出版《薪火传承》《新形势下大学生班集体建设》专著2部，发表《大学生心理健康教育的现状与对策》等论文10余篇，每年开展主题教育200余场次，累计受教育人数达2万余人次。如竹青知行园基地发扬"小巷总理"谭竹青同志"为人民服务"的精神，加深了学生对社区行政工作的理解，增强了学生的行政能力和公仆意识，使学生树立了"从基层做起"的成长观和成才观。通过对社区管理模式及工作方法的调研，形成了30余项校级以上的科研成果，为社区问题的解决提出了富有建设性的意见和对策20余项。天使心职业道德教育基地通过开展教育活动，增强了学生的社会服务意识，让学生树立了救死扶伤、仁心良术的职业道德观念，形成了学生未来医学职业生涯正确的职业操守。2012年申报了《新形势下青年自组织研究——以吉林大学为例》等省级以上课题2项，撰写了《空巢老人护理》等论文10余篇。

第三节　校园制度文化建设的措施

一、制度文化与大学生养成教育的互动功能

高校制度文化与大学生养成教育之间存在着天然的内在联系。陶行知说过，什么是教育，简单一句话，就是要养成习惯。养成教育是学校针对学生的思想品德、道德情操、心理等方面存在的问题而实施的行为规范和严格的管理与教育实施过程。高校制度文化既是养成教育的外壳支撑，也是其内在价值的保障，二者只有协调发展，才能产生良好的互动功能。

（一）制度规范是养成教育的初始阶段

养成教育是一个潜移默化的过程，良好的育人环境对学生身心的健康发展、文明行为的形成具有极大的熏陶作用，尤其是高校制度文化对养成教育效果的扩张具有重大影响。从心理学上来讲，人类有归属感、受暗示性、无意识等心理特征。在归属感的驱使下，个体会渴求归属感和被集体接纳，以便于成为集体中的一员。大学生作为高校校园一分子，自然会受到各种各样的暗示和感染，这些暗示会有意无意地影响学生品德结构的形成，以及思想品德、个性特征和行为模式的形成。一所高校的制度文化氛围，会对大学生的言行形成影响，符合道德的言行会受到鼓励、支持和肯定，不符合道德的会受到谴责与惩罚。这在一定程度上促使当事人改正和转化，这种转化就是在高校良好制度文化的影响下学生自觉调控的结果，而非他人强制的结果。因而，制度规范是养成教育的初始阶段。不过，当学生的道德素质和水平达到了更高的阶段之后，制度规则的作用就体现得不那么明显了，但并不能因此否定其在养成教育的早期过程中所起的重要作用。

（二）制度文化是德育养成目标合理定位的基础

所谓德育就是"教育者按照一定社会或阶级的要求，有目的、有计划、有组织地对受教育者施加系统的影响，把一定的社会思想和道德转化为个体的思想意识和道德品质的教育"。德育目标的定位必须合理，必须与养成教育的目标一致，而且不能与学校、学生的特有文化习性相差太大，如果德育目标的定位太过于保守，大大落后于学校和学生的现实情况，那它就根本起不到教育学生的作用，反而会妨碍到学生道德品质的发展。"制度文化的一大特征就是制度本身的科学性。这是制度的规范性特征在制度文化中的体现。它指的是制度的形式是公正的，同时制度的具体内容也是公正合理的。只有当制度具有科学性时，它才能满足教育管理的需要，才能实现教育管理的预期目标。"

（三）制度文化是探索高校养成教育规律的结果

高校大学生的养成教育有独特的发展规律，而制度文化的形成正是对这种规律的探索的结晶。我们探索高校制度文化的发展规律时，终极目标是更好地促进大学生的养成教育，而大学生的养成教育是一个长期的过程。因此，需要有一种机制能够保证养成教育持久而有效地进行。这种机制应当是按照公正的原则，由严密的体系和行之有效的手段组成的。这种机制应当不仅能够让学生养成良好的行为习惯，更重要的是能够使学生形成自我约束的习惯，形成公平、公正的价值观，形成客观看待事物的宽广眼界、审视客观世界的批判精神与开拓品质，这些恰恰是高校制度文化建设的宗旨和终极关怀。

二、制度文化缺陷对养成教育功能的弱化与泛化

制度文化是人类文明的最高体现。完善的高校制度文化建设是管理成熟的标志。传统的制度文化是一种约束性文化，它用"不准""严禁"之类的话语形态把人的行为和精神圈定起来。这种制度文化常常以管理为标榜，在管理之中，又常常是只"管"不"理"或重"管"轻"理"。这种制度文化在对人进行约束的同时，纵容制度的扩张，导致"泛制度化"，严重削弱了对养成教育的正向功能。

（一）规章制度缺乏系统性与延展性弱化了养成教育的功能

高校各项规章制度作为制度文化的外壳和依托，对学生养成教育具有直接导向作用。由于高校制度文化具有多层次性、多样性特征，具体的规章制度形成了多头管理、政出多门的局面，缺乏完整的系统性，甚至出现了制度与制度相互抵触、制度同现行法律法规相冲突的局面，极大地弱化了制度文化的养成教育功能。由于没有统一的规划，制度之间的指导思想差异很大，有的比较灵活，有的充满刚性，有的体现对大学生的引导，有的强调大学生对纪律的遵守。制度之间缺乏统一性、协调性和连贯性，造成了大学生养成教育缺乏延续性，从而延缓了制度文化整体建设的进程。

（二）制度文化培育参与机制的匮乏淡化了民主意识的形成

目前，高校制度文化多数是管理者考虑到管理的需要自上而下制定的，很少征求广大师生的意见。它忽视了作为被管理者和受教育者的大学生的参与权，从而导致大学生在制度制定过程中主体性的缺失，造成广大师生对制度缺乏认同感与信任感，因为"一项制度要获得完全的效力，就必须使人们相信制度是他们自己的"。高校大学生在制度文化形成过程中的缺位与匮乏直接导致学生缺乏民主意识，缺少参与精神，并且使他们的主人翁意识和责任感被严重削弱，对培育具有现代民主精神和公民意识的大学人文教育目标的实现十分不利。

（三）制度文化建设的功利化倾向削弱了公平和自由价值观的形成

任何规章制度都具有公平价值、自由价值等秩序价值，当前许多高校热衷于搞校园经济，追求经济效益，在校园制度文化建设方面也侧重于维护管理者与被管理者的关系，却忽视了与全体师生之间的协作关系，也忽视了规章制度应有的公平价值。在高校，"官本位"思想突出，学术隶属于行政的现象直接压制了学术自由，这对大学生追求真理和学术自由思想的养成造成了摧毁性的后果。在校园文化的塑造中，学术团体应当成为主要塑造者，因为只有学术的力量能真正体现大学精神与大学价值。以行政来引领校园制度文化建设，容易滋生"制造学术"现象，制造学术泡沫，导致学术腐败，破坏学术氛围。大学生在这样的文化氛围中难免会沾染上急功近利的不良风气，甚至有的学生还会养成弄虚作假的学术习气，不能静心于踏实的研究与探索。

（四）制度文化缺乏人性化关怀降低了文化心理的认同

高校制度文化具有刚性，校内各级人员基于制度本身的约束力以及对各种制度的认可，在行为自由上必须接受制度文化的约束，否则就会受到相应的制裁或谴责。但目前在高校制度文化的价值取向上，惩罚居多，校园规章制度严酷，缺少人性化的关怀。在中国社会转型时期，由于大学生群体受到的压力空前增大，人性化关怀就显得极为珍贵。在大学所有的教育资源中，"以人为本"是现代大学最重要的办学和管理理念。高校制度文化建设只有"以人为本"，尊重人权，满足人的需要，才能使学生产生心理认同，他们才会主动参与到制度文化的形成中去，才能使他们形成良好的主人翁意识、社会责任感和守纪精神。

三、养成教育功能的路径设计

（一）优化与融通制度文化，推进大学生制度文化建设

加强高校制度文化与非制度文化之间的整合与融通，增强高校制度文化的系统性与传承性。大学制度文化既是对规章制度硬性规定的认同与遵守，也是对价值体系、文化形态等文化心理的培育。所谓大学生制度文化建设，就是指大学生自觉地把校园制度文化建设的内容当作自己发展和修养的目标，把存在于外部的制度规章内化成自己内心世界中的道德原则，并且自觉加以实施的过程。首先，要完善大学生对高校制度文化的参与机制。要使全校师生拥有学校发展决策制定的参与权和对重大事件的质询权，使他们能参与到校园管理制度尤其是学生管理制度的制定中来，提高他们对校园制度文化的认同感与敬畏感。其次，整合校园制度文化与非制度文化，提高其合法性、权威性与可操作性。需要对高校校园制度文化进行梳理和整合，绝不能出现相互抵触甚至违反法律的情况，要制定切实可行的高校规章制度，紧密结合学生实际，培养学生的认同感，最大限度地降低执行的阻力。最后，加大高校制度文化改革，坚持以人为本，把以德治校与依法治校结合起来。高校在制度的取舍当中，应当从"人之好奖不好罚"的本性出发，多采用奖励性规范，尽量避免惩罚性规范，把人文关怀与纪律要求结合起来，重点培育学生的纪律意识与社会责任感。

（二）审视与革新大学理念，培育大学人文精神

重新审视大学教育思想和大学理念，可以从源头上探寻现代大学制度的真谛，

找到学生养成教育的基点。如大学自治、学术自由思想构成了现代大学制度框架的主题内容，对学生人文精神的养成有着决定性的影响。首先，要认真结合学校实际来凝练大学办学理念，通过校训、办学理念等方式加强对学生的养成教育。要崇尚学术自由，培育求真务实的学术精神，使师生形成敢于和善于批判现实的敏锐眼光与态度。其次，完善大学制度文化的养成教育机制。大学理念可以解决大学制度为什么要这样的问题，体制和机制可以解决现代大学制度如何运行和怎么操作的问题。要对那些制约大学人文精神养成的高校制度文化的运行机制进行革新，杜绝高校办学功利化的倾向、学术成为行政派生物的倾向等不良现象，尽最大努力为学生养成求真务实、追求真理和民主精神创造良好条件。要化解先进的教育改革理念与传统的制度文化之间的矛盾，勇敢、深刻地认清传统制度文化的本质、特性和表现形式，找到高校应有的文化品位、精神品格和价值追求的实现途径，为大学生养成教育的实现创造良好的精神平台。

（三）调适与整合现代大学制度的文化心理

调整文化心理既是大学制度文化发展的需要，也是大学养成教育的客观要求。中国高校的"改良、革命、改革主要立足于制度决定论，人们往往对制度建设必需的文化心理背景视而不见"。不同的大学制度文化所需要的文化心理是不同的，人们对制度文化的认同也有差异。制度需要人们以思维方式、价值观念去掌握和支配。在自我世界里，中国人的价值观容易凝固，异质文化很难进入人们的内心世界，这使得文化反思与建构落不到实处，由此可见，真正新型大学制度文化的形成与养成教育目标的实现必须从文化根源上追溯和从文化心理上调适。首先，在高校制度文化建设上要有创新性，为学生创新精神的养成创造条件。东方和西方在民族性格与民族心理上的差异需要高校进行调适。比如，西方重个性，东方重团体；西方重冒险与创新，东方重保守与安稳。所以大学制度文化应该坚持个性，彰显特色，凝练特有的文化特质，培育学生的个性与创造能力。其次，回归学术和科学本位，坚持学术第一的精神，改变传统的学术隶属于行政的思维定式。学术第一思想的重新定位可以使学生养成尊崇科学、追求真理的良好风气。从一般角度来讲，新的文化心理的形成需要一年的时间，对新旧文化心理之间产生的冲突需要调适，调适成功的关键在于文化心理的认同。所以，要想形成崇尚学术的文化心理，就必须使学生对新的文化范式、新的校园制度文化产生高度认同。只有坚持学术第一的文化心理，才能形成符合大学本质、具有高校特色、体现历史内涵、富有时代特征的，具有激励性、开放性、多样性的，生机勃勃、与时俱进的大学制度文化，从而发挥高校制度文化对大学生养成教育的最大功能。

第五章 校园学风文化建设管理

第一节 校园学风文化概述及案例分析

一直以来，学风建设于每一所高校都是一项重要而艰巨的任务。高校作为国家的人才输出基地，其人才培养机制直接影响到一个地区的经济文化发展进程，也会对整个国家的经济文化发展产生深远的影响。学风积极向上的高校，能够在学生世界观、人生观、价值观塑造的重要时期产生积极有效的引导作用，帮助学生树立良好的学习习惯，更好地发掘自身潜力，这种对学习能力和态度的影响是终身的；反之，如果高校的学风不正，学生便无法正确地对待学习，就可能产生一系列的负面影响。因此，如何加强学风建设，从理论上清晰整个学风建设的架构和途径，从实践中对理论进行验证、修正和提升，一直是各大高校学生工作的重要主题。

在学风建设实践中，哈尔滨工程大学遵循学生成长发展规律，从入学适应教育、学习习惯养成、价值引领等方面入手，坚持目标导向、措施引导，着力开展"学海远航工程"计划，分别从思想引导、行为引导、服务引导三个方面加强学风建设。

在入学适应教育方面，从学生工作的视角来看，学风建设的任务是努力引导学生实现"四个转变"，即实现学习动力从被动到主动的转变、学习目标从模糊到清晰的转变、学习态度从消极到积极的转变、学习角度从高中生到大学生的转变。大一新生是学风问题群体的主要成员，因此做好新生的入学引导工作会对改善学风建设成效起到重要的作用。哈尔滨工程大学的很多学院都会在新生入学的时候进行一系列的入学引导活动。动力学院在每学年初，会针对新生开展"新生导航员"活动，为了能够选拔思想道德品质良好和学习成绩优异的学生，学院所有辅导员都会为选拔导航员开展工作并且对其进行培训。导航员会对大学生活进行介绍：每个寝室配置一名新生导航员，在新生刚进入大学时，导航员会为新生介绍大学的学习、生活情况，让新生对大学生活有初步的了解。导航员监督制度：在新生入学初期，让新生导航员一对一监督新生班级的学习、早操等，并且对新生动态进行及时的记录和反馈。新生与导航员联谊会：通过团日活动、班会等形式举办新生和导航员的联谊，利用联谊活动，让新生导航员带领新生熟悉班会、团日活动的流程和内容。这些方案的开展能让新生尽快地融入学校的大环境中，对其学习和生活都有所帮助。计算机学院在新生入学报到时，向每一位新生家长分发一份《致新生家长的一封信——家校携手，共筑未来》。同时，在新生报到期间，学院分批次召开了新生家长会。会议旨在使新生家长对大学本科教育模式有一个大致了解，使家长和学生能够认识到大学期间学习的重要性。同时，会议还强调了在学生大学期间的学习过程中，家庭教育与学校教育相结合、相辅助的必要性，以便在大一新生未来四年的大学教育中，家校联合，共同保障学生的健康成长。

良好的学习习惯是学生最好学习效果的重要保障，如何帮助学生养成良好的学习习惯也一直是学风建设的重点问题。计算机学院开展了"阳光早操"活动，以认真贯彻落实国家"每天锻炼一小时，健康生活一辈子"的精神，培养德、智、体、美、劳全面发展的大学生。学期初，学院用最快的时间制订出了"阳光早操"活动的计划和方案，尽早安排部署各班"阳光早操"活动的开展。为建立健全早操考勤制度，学院实行了多种监督措施，包括班级监督、学生会监督、辅导员监督等方式。第一，班级监督，由班长查到操人数，对请假的同学进行登记，记录其请假理由，并且将情况反映给学生会干部；第二，学生会监督，学院学生会安排两名学生会干部对早操活动进行监督，对迟到的同学进行登记并且上报辅导员，同时，对各班班长反映的情况进行核实，并且将核实后的情况反映给辅导员；第三，辅导员监督，在班级监督和学生会监督的基础上，由辅导员全程监督活动开展情况，对活动中不认真的同学进行批评教育。与此同时，学院每月对该活动的开展情况进行总结，选出最优班级，同时还要对出勤率低的班级进行教育。为丰富活动的内容，学院安排了多姿多彩的早操活动，包括跑步、跳绳、足球等活动，还会定期更换早操内容，采取学生喜欢的早操方式。为调动学生对早操的积极性，让学院学生组织相关部门安排专门人员负责早操的每一部分，对学生早操的出勤和表现进行监督和调动，及时督促各班学生出操，鼓励学生早操后进行晨读，以达到锻炼身体、增强体质的效果。这项活动的开展让更多的学生懂得了锻炼身体的重要性，同时也增进了学生之间的友谊，提高了学生团队合作的能力。

哈尔滨工程大学努力将思想价值引领融入课程建设，覆盖全部育人环节。学校党委深入领会习近平总书记谈治国理政的新理念、新思想、新战略，对标"双一流"建设标准，坚持面向国家和国防重大需求，坚持以学生发展为中心，牢固树立拔尖创新人才培养理念，着力构建"三海一核"特色育人体系，推动培养观念、培养模式、培养方式、培养机制的全方位转变。在课程体系上，着眼于国家的创新驱动发展战略和中华民族伟大复兴的中国梦，着重进行学校特色"三海一核"领域的学科建设，努力调动全校师生的历史使命感；在教学资源保障上，促进教学与科研有机融合，使重点学科的优质资源实现转化，以研带教，实现"研"中带"教"、"教"中带"研"、"研""教"一体，以培养学生的学科信心和学术眼界；在创新创业教育上，依托学校科研优势，注重学科的实践性培养，以"三海一核"特色学科为中心，建立并且完善创业教育系统。学校积极引导特色发展，同时又尊重和鼓励自主创新。在大学英语教学中，不仅注重传统的教学，更引入西方文化的相关课程，让学生了解西方文化及其价值观，通过对中西方文化进行比对，来达到一种"兼听则明"的教学效果，并学会运用马克思主义理论中的价值观和科学的世界观看待世界。

该大学还以服务学生的健康成长和全面发展为出发点和落脚点，建立了学生成长发展指导服务体系和质量评价体系。遵循教育教学规律，坚持"公开、公平、公正"的原则，合理配置学生学习和生活资源，努力构建公平正义的制度环境和公开民主的资源分配环境。遵循思想政治工作规律，坚持问题导向，通过创新公寓文化生活环境和创建学生成长发展网络信息化平台，构建线上线下多样化的沟通交流环境。国防学院充分利用学院网站、微信公众号等网络平台开展学生思想政治教育。国防生思想政治教育微信平台模拟"工作信息平台"，在已举办多期的校内微信平台影响力排行榜中获得榜首的好成绩，为服务学生搭建了便利的平台。将培育和践行社会主义核心价值观作为学校育人工作重中之重的核心任务，抓住入学教育和毕业教育两个关键接口，以学、讲、传、唱、树为主要形式，将价值观引导与大学文化建设、大学精神培育、校风学风建设、专业教育与能力提升、行为养成和社会责任意识培养等各个环节相融合，大力弘扬哈军工精神、传承哈军工红色基因，从而优化校园文化育人环境。

第二节　校园学风文化建设管理分析

一、树立全员意识

虽然学风建设的主体对象是大学生，但是在学风形成和变化的过程中，大学辅导员、大学班主任、专业授课教师乃至后勤工作人员等都发挥着重要的引导作用，这种引导作用是正面的，但是也会不可避免地存在负面影响。因此，高校学风建设应该使多元主体相互协作，领导院长加强与教师及学工队伍的密切配合，在第三方的共同努力下，实现全员全过程全方位育人，从而最终实现良好的结果。

为努力贯彻党提出的教育理念和方针，构建全面的培养系统，实行"五个育人"的长效机制，哈尔滨工程大学制定了《哈尔滨工程大学全员育人工作实施办法》，开展了在学校党委统一领导下，学校学生工作委员会负责制定工作目标、发展规划，学生工作部、本科生院、研究生院、校团委作为牵头单位分工负责具体部署，其他职能部门相互配合，各学院（系、部、中心）具体实施的全员育人工作。

二、抓好三支队伍

哈尔滨工程大学从学工的视角，抓好了三支队伍的学风建设。

首先，抓辅导员队伍育人能力的提升。

一是加强辅导员的政治理论学习，加强其职业能力训练。落实《普通高等学校辅导员培训规划（2013—2017 年）》，继续依托人文学院及马克思主义学院的研究生课程资源，组织辅导员选学一门课程。以"学工论坛"为平台，加强其专业知识和方法的学习，定期聘请国内高校思政领域的专家，为全体辅导员开展专题讲座。

在已有的辅导员"职业培训—工作实践—竞赛比试"培养发展体系的基础上，开发基础知识学习、能力培养和实例教育三方面相结合式的辅导员培训教程与教学体系。在提升院校辅导员职业能力的同时，力争为上级部门及兄弟院校开展此类工作提供参考。努力提升辅导员队伍建设的国际化水平，顺应学校国际化发展趋势，与国内乃至国际知名大学开展学生工作的合作交流，提升辅导员的工作能力、科研能力和国际化水平。创立与完善相应测试机制，以激励辅导员增强其职业能力，增强其前进动力，对于工作业绩和能力增长突出的辅导员集体及个体，在职称评定、职级晋升及推选先进上给予一定的政策倾斜。

二是机制创新带动能力提升，激发辅导员的职业原动力。在管理机制创新上，哈尔滨工程大学修订辅导员工作评价体系，出台《辅导员工作能力及绩效测评体系标准（暂行）》，围绕辅导员应具备的职业功能，确定了一级指标 6 项、二级指标 13 项，以及具体观测点 60 个，并通过现场考察、材料审核、调查访谈等形式，确定观测点的考核等级及最终考核结果。绩效考核结果不仅仅是辅导员年度考核、职称评聘、推优评奖等工作的主要依据，还能宏观指导部门及各院系制订具体整改方案及培训培养计划。每个辅导员也要据此制定个人发展整改方案。这种横比、纵比、自比的激励氛围，有利于每个辅导员铆足干劲儿地走出一条符合自身特点的职业化发展之路。

该校在培养机制创新上，开展职业能力提升"七个一"工程，即精读一本书、研究一个问题、申报一个项目、发表一篇文章、做一场报告、带领一个团队、研修一门课程。每个辅导员在每年都要完成"七个一"工程所涉及的职业能力提升的学习、研究和实践活动。

该校在指导机制创新上，根据辅导员各个专业化发展方向所需的知识要求，遴选马克思主义学院博士研究生课程一门，组织辅导员按照课堂教学计划旁听课程。在辅导员职业能力大赛中，聘请在全国及全省辅导员职业能力大赛中获奖的其他高校辅导员担任评委并且对比赛情况作出点评，为提升院校辅导员职业能力注入新思路、新方法。在各类辅导员工作成果评选工作中，组织校内评审活动，邀请校内思想政治教育及相关领域专家为参报成果评审把关，并且提出修改意见，以提升成果申报质量和辅导员工作水平。重点加强工作方法创新和研究成果凝练，对辅导员职业能力大赛、辅导员年度人物评审、辅导员工作精品项目申报、人文社会科学项目申报、辅导员工作优秀论文评选等队伍建设的标志性工作进行"点对点"的指导。

其次，抓班主任学业辅导作用的发挥。

一是完善体系和评价分析，实行目标管理科学评价。推行《哈尔滨工程大学班主任工作评价考核管理办法》，量化各项工作指标，注重考核管理工作的实效性和可操作性。原《班主任工作条例（试行）》已运行很长时间，有些条款已与学校发展不相适应。新试行的条例是一个班主任职责权利很明确，并且很有约束力的可实施的条例。并且结合自我评价、学生评价、院系评价、成果评价等全面考核班主任的政治素养、工作能力及工作业绩等。以评促建、以评促改，增强班主任工作的目的性、计划性，提高其工作的积极性。

二是创新思路，加强培训，加强班主任队伍建设。创新工作思路，转变培训、管理理念，让被动的学习、培训，转变为主观的竞技、交流。对于不同年级、不同院系、不同专业的班主任进行分层次、分类别的培训与交流。把形式多样的学习指导活动与实际的教育管理工作有机结合起来，增强培训的针对性和实效性。

最后，抓学生干部示范引领的作用。

在学生群体中，学生干部是各方面的领头者，其良好的学风对该群体有着不可估量的影响。在精神上，良好的学风是一个强大的支柱，是一股无形的力量，能促其勇往直前。同时学生干部是班集体的核心，具有强大的号召力，对班内的每一个同学起到直接影响和熏陶的作用。同样的，学生干部的不良学风不仅仅会严重影响其自身的身心健康及全面发展，而且势必会给其他学生带来负面的影响，为学校的校风建设埋下很多潜在的不利因素。因此建设优良的学生干部学风至关重要，首先要让学生干部意识到学习的重要性，让学生干部掌握有效的学习方法，然后让学生干部在其他同学中起到带头表率作用，为建设优良学风而贡献力量。

三、实现四个转变

开展学风建设工作，就是要教育和引导广大学生将努力学习科学文化知识作为大学生涯的根本任务，结合对自身特点及社会需要的分析，正确处理学业与专业、事业和就业的关系，确定自己的事业目标，进而确定学业发展方向，提高学习成绩和专业素质，拓展综合素养和能力，努力掌握建设祖国、服务社会的本领，实现个人价值和对社会的价值。对此，哈尔滨工程大学的具体做法如下。

（一）实施方向引领策略，逐步实现学生学习角色从高中生到大学生的转变

一是"企业调研工程"，掌握院校人才培养目标的实现程度，了解用人单位对学生核心能力和综合素质的现实评价，明确对学生核心能力进行判断的识别标志。结果显示，用人单位普遍认为院校"学生信念坚定、基础扎实、踏实肯干、善于创新，符合社会主义现代化建设需要"。同时也对学生在语言表达力、灵活应变力等核心能力的增长上提出了更高要求，为深入破解人才培养途径和方法提供了有力的参考。

二是"学生核心能力拓展工程"，结合院校精英人才培养目标、本科学生专业性质与教育目的，深入研究各专业本科生的核心能力，积极探索助力提升学生核心能

力的培养方案，系统搭建提升学生核心能力的课外活动平台。

三是"表达能力提升工程"，突破院校学生表达能力薄弱的制约。学校制定工作方案，搭建能力提升平台，通过教学环节和非教学环节的培养和训练，提升学生口头表达能力、语言组织能力和沟通交流能力。

（二）实施目标激励策略，逐步实现学生学习目标从模糊到清晰的转变

一是建立和完善了"围绕一个核心，落实两项制度，抓好三支队伍，实现四个转变，强化五项指标"的"12345"学风建设目标化管理体系。逐步完善学风建设的评价机制，在提出了考核学生工作的四大指标（四级外语通过率、考研率、就业率、创新能力）的基础上，又将"成才率"作为考核指标之一，主要考核各院系学生的学成毕业情况。

二是挖掘了一批"过得硬、立得住、叫得响、推得开"的学生先进典型。为了提升学生在创新创业、自强自立等方面的素质能力，开展各项标兵选拔，如"毕业金榜""学习标兵""创新标兵""三好标兵"等，发掘出各方面优秀的学生，树立他们成为具有影响力和号召力的学生榜样，使不同层次、不同领域的学生学有榜样、赶有目标。

三是通过开展各项活动来激励学生成长，提升其自身价值。通过颁奖典礼、优秀事迹报告等形式，选择特定时间开展品牌宣传活动，来加强优秀学生的宣传，起到榜样带动作用，在满足学生典型外在表达需求的同时，在校园内营造榜样文化氛围。

（三）实施路径规划策略，逐步实现学生学习态度从消极到积极的转变

一是实施成长路线图工程，通过分析学生成长过程中必经的阶段，引导学生少走弯路，为学生确立明确的学习目标和学习计划。深入开展成长路线图研究所需要的数据样本采集工作，建立优秀典型成长标志节点数据存储库。通过专题宣讲、分

类指导和跟踪修正等方式，引导学生结合实际需求来制订成长规划。

二是实施学业生涯规划设计，在辅导员、班主任的指导下，学生以立项的方式对自身进行深入的分析和正确认识，确定事业目标和学业发展目标，进而制订大学四年的发展计划。更重要的是引导学生通过有效的行动将规划变成现实，并且采用评估反馈的手段检验项目的成果，帮助学生学会求学、学会做事、学会生活、学会生存以及学会发展。

三是开展专项建设和学风建设效果调研，以项目建设的方式发现新问题、明确新因果，着力解决学风建设的重点和难点问题。3 年来，完成调研 51 项，组织学风建设课题 199 项，各院系在学生核心能力培养、典型引路与分类指导、学生综合素质测评等方面取得突破性进展，创新了学风建设的工作方式与方法，持续推动了学风建设工作转型升级。

（四）实施援助保障策略，逐步实现学生学习动力从被动到主动的转变

一是实施学业预警与援助计划，将学习成绩明显下滑的学生纳入预警与援助体系，针对学生在学习中、生活中即将发生的问题和面临的困难，采取相应的防范措施，建立学校、学生和家长多方沟通与协作的机制，对学生全方位、多层次地给予援助。通过开展学业学籍预警及援助工作检查与评比，督促院系将工作落到实处。分析学业预警学生学习倦怠的影响因素，积极开展个体干预与组织干预。

二是实施学习助教答疑制度，选拔学习成绩优秀的学生为其他学生提供学习支持服务，将课程辅导延伸到课外，为学生自主学习提供有益补充。针对学生在各门单科课程内的疑难问题，设置以"一对一"形式答疑辅导的助教岗位。在全校公共课和专业基础学科中选出一批疑难问题较集中的课程，按照必修课大班制配备助教队伍。

三是实施导航员制度，选拔思想道德品质良好、兼备专项能力的学生组成团队，

以受教育、长才干、做贡献为主要目的，发挥传、帮、带的引领辐射作用。

四是实施名誉寝室长制度，选聘高年级优秀学生担任新生的名誉寝室长，加强对新生学习、生活的适应性指导，引导新生正确对待大学生活。调查显示，100%的新生表示此制度对自己有帮助，95.9%的新生对此项工作十分满意。

五是构建少数民族服务体系，成立少数民族服务中心，建立以奖优评定、学习互助、生活援助和信息交互为主要内容的四维学习成长体系，形成学生、院系、学校三位一体的沟通反馈机制，为少数民族学生的健康成长解决实际困难。调查结果显示，98.5%的学生对学校少数民族学生工作表示满意，2012届少数民族学生一次性就业率达到97.1%。

六是开展团体辅导，把握新生军训、入学教育、心理健康教育等关键点，开展主题团体辅导活动。特别关注家庭经济困难、学习困难等特殊群体的心理需求，定期开展有针对性的团体辅导。加强团体辅导指导教材和团体辅导标准化方案建设，不断提升团体辅导的操作性和实效性。

四、强化五项指标

完善的管理制度在高校学风建设工作中发挥着重要的保障作用，各高校及其学院应该依据自身特色，制定相应的规章制度。哈尔滨工程大学已经形成一套严谨的考核评估办法，将"就业率""考研率""四六级通过率""科技创新普及率""学成率"等作为学风建设的"五项指标"来考量，力求打造务实学风，为社会输出更多品学兼优的人才。

哈尔滨工程大学近10年就业率均在90%以上，并且呈现逐年上涨的趋势。为了提高毕业生的就业率，各学院均展开特色就业指导工作。虽然外语系等文科院系提高就业率存在一定的困难，但外语系通过阶段性的就业指导工作，增强了学生的就业认识，就业率很可观。外语系将毕业班学生的就业指导工作分为四个阶段。第一阶段开展就业分析（大三下学期初）：对近三年外语系就业情况进行量化分析，帮助毕业生明确就业去向（保研、考研、工作、出国）。第二阶段开展就业调查（大三下学期中旬）：了解毕业生的具体就业去向（保研——保内、保外；考研——外校本专业、外校跨专业、本校本专业、本校跨专业；找工作——领域、地域、待遇；出国——地域、专业）。第三阶段开展"一对一"指导（大三下学期末至大四上学期）。第四阶段开展"一对一"帮扶（大四上学期末至毕业）：对于就业困难的学生——同其家长进行沟通，共同做工作，包括帮助制作简历、分析招聘单位信息、到招聘会现场为就业困难学生推荐工作。此外，外语系每年三月份定期举办模拟招聘会，给准备找工作的学生提供亲身经历笔试和面试的机会，使他们总结自身的不足之处，从而不断地适应各种招聘形式。为了增加学生的实习经验，经外语系领导协商，与哈尔滨工程大学出版社共同建立了实习基地，为毕业生搭建了提高科技英语翻译技能的实践平台，而且成立了译语翻译公司，为喜欢创业的学生提供了机会。

第三节　校园学风文化建设的培养

一、培育学风文化的内在精神

学风实际就是校园文化的象征，是一所大学的文化气质的集中体现，也是一所大学的灵魂。按照对人与自然关系、人与社会关系、人与自身关系认识的不同，文化可以划分为以下几种类型：一是物质文化，二是精神文化，三是制度文化，四是行为文化。这种划分比较合理，充分结合了广义和狭义角度的文化特征。大学文化按照上述分类标准，也可以分为物质文化、精神文化、制度文化及行为文化等部分。其中精神文化是大学文化的核心，物质文化和制度文化是关键，行为文化是主体。四种文化相互交织，共同构成了大学精神文化的面貌，构成了大学学风。

（一）培育物质层面的学风文化

物质形态多样，包括自在之物、人为之物，以及二者融合之物等。其中，自在之物实际是一种文化，不具备物质价值。而人为之物是人类根据自己需求创造的，形成于人类实践活动中。人为之物属于一种物质文化，其中融合了人类的思想和情感，体现了人类的行为习惯和思想价值倾向。在大学校园中，物质文化随处可见。具体而言，这类文化包括以下几种：一是地理环境，二是校园布局，三是教学基础设施，四是人文景观，五是校园网络、图书馆等。这几个方面相互影响，共同构成了大学环境文化，成为影响教师和学生行为的关键因素。前苏联教育家苏霍姆林斯基曾说过，环境对于人的教育作用非常大，成功的教育应当让周边的一切因素都发挥作用。校园环境是学校形象的代表，良好的环境能够让人身心愉悦。在建设优良学风的过程中，大学应该强化物质文化方面的建设，通过有效的措施，改善校园环境，为广大师生提供良好的生活和学习场所。

物质在校园中长期发挥着基础性作用，而教育功能却被忽视。事实上，物质对意识起着决定性作用，大学教育功能的发挥，需要得到物质基础的支持。相关实践表明，大学优良学风的建设过程，应该充分发挥物质的基础功能和教育功能。

一方面，发挥已有物质文化的育人功能。大学物质文化多种多样，各具特色。任何一所大学的发展，都需要物质做基础。但每一所大学都应该根据自身的需求进行物质文化的建设，并且需要积极挖掘周围环境中的物质文化，使之能够为学校的进一步发展而服务。物质文化并非一成不变的，也没有明确的界线、标准，学风也是如此。一定的物质文化，是建设学风的基本保障。不同性质的大学，学风不同。例如：理工科大学的学风一般比较严谨；而文科性质的大学，学风一般比较开放、自由、多样。

另一方面，积极引进新物质文化。大学管理者需要以大学文化和科研最新成果为基础，开展具有针对性的物质文化建设工作，以构建优良学风。近些年来，随着高等教育规模的不断扩大，物质文化建设项目也逐渐增多，很多大学纷纷强化教学基础设施的建设，大兴土木。虽然增加物质建设能够满足办学需求，以容纳更多的学子，但一味地按照现代建筑技术进行物质建设，则容易丧失学院特征，部分历史久远的建筑被舍弃，造成个性物质文化逐渐消失殆尽。对此，大学物质文化建设应该注重新旧物质文化的融合，借助新物质文化与历史物质文化的巧妙结合，彰显校园物质文化特征。正如自然界中找不到两片完全相同的树叶，世界上同样找不到两所完全相同的大学。当你身处一所大学，就能够感受到这所大学独特的物质文化，能够感受到这所大学的学风。构建独具特色的物质文化，是大学管理者应该追求的学风建设目标。

（二）建构精神层面的学风文化

"学风"实际是对师生日常行为和态度的一种考察。作为大学校园的主体，教师和学生的日常行为与态度，构成了整个校园的风貌。而师生的内在素养，可以从校园学风中一览无余。在广阔的大学校园中，学风无处不在。优良的学风，能够让人受到一种良好的思想熏陶。对于任何一所大学而言，营造良好的校园环境、培养优良的学风都至关重要。在教学评估中，针对学风提出的要求，就是为了强化对学风的培育与建设，以打造被优良学风覆盖的校园。事实上在学风建设中，教师的德与才是影响学生思想的关键，教师的思想价值观、文化知识水平等，都是构成校园学风的关键因素。而从学生角度而言，学风是学生在校表现的综合性体现，学生的学习、思维方式及行为习惯，是学风建设的重要内容。

精神文化作为一所大学的核心，是大学教育理念的直接体现。而大学理念实际是如何理解大学本质、如何看待大学教育功能、如何实现高效办学等方面问题的解决方案。大学理念对于大学生的发展具有导向作用。大学理念影响着广大教师的教学理念和管理思想，影响着学生的行为态度，影响着教学活动效果的发挥，影响着大学制度建设状况，影响着学风建设方向。相比于物质文化，精神文化看似缥缈，但实则有着丰富的内涵和完整的结构。大学作为培育新时代人才的场所，其精神文化是其内在特性的体现。

丰富教育理念，实现多元办学。目前，世界一流大学在办学中，强调兼收并蓄、兼容并包的理念。在社会经济快速发展的形势下，大学的教育功能日益突出，并且需要承担起更多的社会责任。可以这样说，大学是培育社会各界人才的主要场所。20 世纪 60 年代诞生的"多元化巨型大学"理念，就印证了大学万能论的正确性。

（三）培育制度层面的学风文化

大学制度包括诸多制度，如教学管理制度、科研管理制度、后勤管理制度、学生管理制度等。多层次的制度，构成了大学制度文化。其中，规范性的制度，是确保大学各项工作顺利展开的关键，是构成优良校风的基本要求。此外，大学校园中还有一些没有被列入正式制度中的不成文规定，其同样也是约束教师和学生行为的重要规范。非正式的制度文化与规范性的制度文化，共同构成了大学校园中的制度文化。不同的制度文化相互对话、相互约束，使得大学校园呈现出一幅和谐的景象。

一方面，大学教学管理者需要采取措施，健全制度文化。正式的规章制度，是大学各项活动顺利进行的基本保障，是培育学风过程必不可少的因素，是规范师生行为的基本准则，是引导学校办学理念的基本要求。学校应该明确办学目标，明确发展方向和办学理念，在此基础上，建立具体化的价值观导向，通过有效完善各项制度，建立起健全的大学制度文化体系，将校园管理理念和人文精神融入其中。健全的管理制度，是制度文化的重要组成部分，是营造优良校风的基本内容。健全的管理制度，针对教师和学生的日常行为，提出了明确的要求，对教师和学生起到了激励和约束的双重作用。健全的管理制度，使得校园环境规范、有序，让广大师生拥有一个舒适、健康的学习和生活场所。因此在建设优良学风的过程中，大学管理者需要对制度文化加以完善，明确行为规范，为日后各项工作的顺利进行提供可靠的保障。

另一方面，注重对非正式制度文化的建设。很多世界一流的大学，不仅仅建立起了正式的制度文化，而且针对一些不成文的规定，也逐步形成了非正式的制度文化，并且这些文化共同促进了大学的发展。伯顿·克拉克在《特色学院》中，以美国三所高水平私立学院为对象展开分析，并且指出，这些学院的传奇组织，是构成学院特色的核心部分。无论是精神层面的文化，还是制度层面的文化，都是逐渐积累起来的。但前者主要形成于不经意间，而后者则主要由人的因素决定。伯顿·克拉克指出："很多时候，制度化的工作，是由管理者进行组织、计划和安排的，但很多制度的变迁，都无法被有效预料和控制。当发生不可预计的变迁时，就难以准确判断其带来的影响。"非正式的制度文化，形成于日常生活中，与教师和学生之间存在密切联系。为此，梅贻琦提出"大学者，非谓有大楼之谓也，乃有大师之谓也"的理论。虽然规范性的制度文化与非正式制度文化有所不同，但二者之间并非存在天壤之别，事实上这二者都是构成大学制度文化的重要组成部分。

（四）建构行为层面的学风文化

大学行为文化形成于教师日常的教学、科研，以及学生日常的学习、生活活动中。具体而言，大学行为文化的内容包括管理人员、教学人员、服务人员及学生行为文化四方面。其中，学生行为文化按照性质的不同，又可分为三种类型：一是学习行为文化，二是生活行为文化，三是社会实践行为文化。而教师的行为文化则包括教学、科研、学习服务等方面的内容。教师与学生的行为文化，是构成大学学风的两大重要内容。优良的学风建设，离不开教师和学生的支持。20世纪60年代，大学校园中兴起了一股反叛风潮。在当时，很多学者开始围绕"大学生群体行为文化"展开分析研究，并且取得了很大的成就。其中，比较具有代表性的有伯顿·克拉克和马丁·特罗的联合研究。他们指出大学生群体行为文化主要包括四种类型：一是混文凭型行为文化，二是社会活动型行为文化，三是学术型行为文化，四是反叛型行为文化。每一种行为文化都有着各自的拥护群体。不同行为文化所代表的学生，在日常的学习和生活中，体现出了较大的差异。大学教学管理者最喜欢的是学术型学生。他们将希望寄托在这部分学生的身上，期望这部分群体能够与教师一起发扬和继承校园学术文化。但这并不意味着，学校不该出现反叛型学生。任何一所大学，都应该存在多种思想潮流，只有在不同思想的交织下，才能形成丰富多彩的校园文化。20 世纪 60 年代至 70 年代，反叛型学生一度成为新思潮的代表。社会活动型学生作为大学生群体中最为活跃的部分，是建设校园文化的重要力量。部分能力、素质强的社会活动型学生，将来可能会成就一番大事业，成为社会经济建设中的主力军。混文凭型的学生，不愿意学习并且排斥大学，他们的目标就是等待毕业以及拿到文凭，针对这部分群体，教学管理者应该注重从思想上加以引导，而不是一味地否定或放任不管。

20 世纪初，政治型文化比较流行。当时的中国社会动荡不安，以陈独秀、李大钊等人为代表的知识分子，力求通过学术研究，改变中国的政治面貌，以维护中国政治的稳定发展。现如今，在大学校园中，也存在这种类型的学者。

多元化的大学教师与学生的行为文化，形成了内涵丰富的大学学风。可以说，多元的行为文化在很大程度上，促进了大学学风朝着自由、开放、平等的方向发展，使得大学学风更加活跃，更加包容万象。多样化的学风不仅仅是现代办学的需求，也是国家发展、社会进步的需要。

二、培育学风文化的外部资源

（一）坚持核心价值的引领地位

有史以来，学者们便非常重视价值观对大学生的影响。爱因斯坦曾提到，大学应该将培养人的优良品质作为根本教学目标，让走出校门的大学生，成为能够顺利融入社会的和谐之人，而不是独一无二的专家学者。英国牛津大学校长科林·卢卡斯教授则指出，新时代的大学教育，应该注重精神文明建设，而不是仅仅强调物质文明建设。浙江大学前校长竺可桢也指出，大学教育应该以培养具有公忠坚毅品质、能够担当大任的人才为目标，而不是以培养工程师、教育家之类的人才为目标。真正的人才，并不仅仅只在学术上具有较高的造诣，而且需要具有明辨是非的能力，需要时刻保持清醒的头脑，不盲目随从。对此，在建设大学学风的过程中，高校应该充分引入社会主义核心价值体系中的内容，以引导大学生群体树立正确的世界观、人生观和价值观。党的十六届六中全会指出，社会主义核心价值体系包括马克思主义指导思想、中国特色社会主义共同理想、以爱国主义为核心的民族精神和以改革创新为核心的时代精神、社会主义荣辱观等基本内容。社会主义核心价值体系，指明了高校思想政治的工作方向，在培育大学生思想价值观方面，发挥着重大的指导作用。高校学风建设，应该以社会主义核心价值观为基础。

第一，大学学风建设，应以马克思主义理论为指导。作为社会主义核心价值体系的核心部分，马克思主义指导思想在校园学风建设中，可以发挥重大作用。马克思主义强调以客观事实为根据，强调随着时代的发展不断更新。坚持马克思主义思想的指导，就是坚持大学学风建设的正确方向。在马克思主义思想的指导下，大学学风建设能够不断朝着科学化、规范化的方向发展。目前，我国多元化的社会意识形态，不断冲击着大学生的思想。在此背景下，大学学风的建设，必须以马克思主义为指导思想，借助科学的理论，坚持正确的方向，解决现实问题，真正培养出社会所需的人才。在"两课"教学中，应该充分引入社会核心价值体系的基本内容，同时根据学生需求，积极创新教学模式，激发学生的自主学习热情，将课堂主动权交还给学生，充分引入思想政治教育内容，落实社会主义核心价值体系的基本要求。

第二，将中国特色社会主义共同理想作为根本思想。中国特色社会主义共同理想，是人们思想价值观、政治观、世界观的直接体现，是人们对未来的期待。目前，我国所追求的目标就是建设具有中国特色的社会主义社会。共同理想，不仅仅指明了中国特色社会主义的建设方向，而且发挥着鼓动人心的作用，激励人们为目标的实现而努力。21 世纪初期，我国以全面建成小康社会为根本目标，在之后的几十年，则以实现现代化为根本目标，再继续奋斗几十年之后，则以建设富强民主、文明和谐的社会主义国家为目标。共同理想，是人们基本愿望的集中性体现，共同理想中包含了丰富的内容。在共同的理想下，国家、民族和公民个人之间的联系日益密切。国家与公民通过共同的努力，实现社会现代化，实现小康生活。共同理想，让人们有了共同的追求，有了共同的奋斗方向。高校作为社会的一分子，在建设学风过程中，需要基于共同理想，明确学风建设大方向，实现师生思想的统一。具体而言，对大学学风建设工作需要从以下两方面着手。其一，高举中国特色社会主义伟大旗帜，明确学风基本建设方向。高校作为培育人才的重要场所，其校园内部拥有诸多高级知识分子及思想活跃的群体。在校园内部进行学风建设，应该注重民主氛围的建设和健康思想的传播，以抵制不良思想。历年来，我国思想文化和西方思想文化形成了相互交融、相互斗争的局面。基于这种形势，为了保持正确的学风建设方向，高校需要高举中国特色社会主义的伟大旗帜，与共产党同心，以促进社会发展为目标。其二，坚定社会主义办学方向，积极引入中国特色社会主义理论，以发挥积极思想对广大师生的熏陶作用，确保高校学风建设能够保持正确的方向。高校优良学风的建设，应该以中国特色社会主义法制体系为基础，强调"真学、真信、真用"等基本原则，引导大学生树立正确的思想观念，引导大学生自觉遵守社会规范，自觉维护习近平新时代中国特色社会主义思想。在实践过程中，高校教学管理者可以组织大学生党员、学生干部等群体，参加中国特色社会主义理论学习活动，引导他们深入、全面把握科学发展观的基本内容及理论精髓。在学习实践过程中，则应该坚持理论与实践相结合的方式，保持科学发展观的大方向，从而对学科教学产生潜移默化的影响，引导学生积极转变学习态度，促进其良好学习习惯的养成。

第三，利用爱国主义、民族精神、改革创新、与时俱进等时代精神，武装师生队伍，强化大学学风建设的效果。民族精神形成于民族社会实践活动过程中，是人们长期实践经验的集合，是民族思想文化、价值取向、道德规范的直接体现，是一个民族的象征，反映了一个民族的文化传统和思想特征。改革创新的时代精神则形成于社会创造性活动中，是人们创造性思维、行为方式的直接反映，是促进时代发展与进步的根本力量，是社会最新理念、时代潮流的综合体现。作为邓小平理论和

"三个代表"重要思想的根本特征，改革创新是最需要被推崇的思想。任何一个国家，要想实现可持续发展，就需要注重政治、经济、思想文化的创新。而任何一所大学，要想成为时代的佼佼者，同样也需要积极创新。可以这样说，创新是一个民族发展的不竭动力，创新是一所大学不断进步的重要力量。

第四，将社会主义荣辱观作为大学学风教育的重要内容。社会主义荣辱观作为社会主义核心价值观的基本内容，是一种行为准则，它体现了当代中国社会的价值取向。社会主义荣辱观包含了爱国主义、集体主义等方面的内容，是中华传统美德的集中体现，也是时代发展的根本要求。在新形势下，大学学风建设需要坚持社会主义思想道德建设的大方向，以社会主义荣辱观为指导，严格遵循社会主义荣辱观要求，建立制度规范，约束全校师生的言行。强调从生活小事做起，强调环境的熏陶作用。

其一，践行社会主义荣辱观，倡导新思想、新风尚，指导大学生思想朝着积极健康的方向发展，让社会主义荣辱观成为大学生思想的精神指导，促进优良学风的建设。

其二，坚持以爱国主义为核心，以集体主义为原则，以爱社会主义、爱祖国、爱人民为要求，开展爱国主义教育，引导大学生将个人利益与祖国利益相连。

其三，强调家庭、社会、学校教育力量的结合，培养学生懂礼仪、懂感恩的优良品质；引导学生调节情绪、文明交往；激励大学生积极发散思维，发挥聪明才智，并且借此尽快在学校中找到自己"存在的意义"，当获得归属感之后，其责任心、荣誉感便随之产生，会更好地同班级、同年级、同院系打成一片。

其四，培养学生自觉遵守日常行为规范的意识，培养他们恪守诺言、尊重他人、与他人和谐相处的良好品质，以建设优良的学风。而学风能够形成对学生日常学习和生活行为的约束力。大学学风建设，应该以营造良好校园环境、全面提升办学效益为目标。

其五，针对大学生开展勤俭节约、保护生态环境方面的教育，同时培养学生的节约意识，促进节约习惯的养成；组织学生开展"节约之星"评选活动，鼓励学生积极参加，让学生懂得尊重自然，懂得如何选择绿色环保的产品，让学生为资源节约型、环境友好型社会的建设做贡献。同时，引导学生从身边小事做起，做节约小能手。例如，不使用一次性购物袋，不使用一次性餐具，不随意浪费纸张，节约用水、用电。

总而言之，树立社会主义荣辱观需要贯穿于大学学风建设的整个过程，强调将理念落实于实际行动中。将社会主义荣辱观融入现代教育活动中，让现代教育成为弘扬中华民族传统美德的重要活动；将社会主义荣辱观融入大学生思想政治教育活动中，培养大学生明辨荣辱的思想观念，为优良学风的建设奠定良好的基础。

（二）发挥思政工作的主导作用

在促使大学生产生科学的世界观、人生观及价值观的过程中，思政教育活动是必不可少的。该种活动在推动高校学风建设方面存在重要的价值，两者是紧密关联在一起的，思想政治教育工作与学风建设根本目的是一致的，所以应该把前者充分融合到后者中。

当下在高素质人才的开发方面，高校的思政教育能够为其提供方向，以及带来充足的力量。就学风建设来看，其所要达成的目标是打造出良好的学风，令学生能够在科学的"三观"的作用之下，在学习方面维持严谨的态度、使用高效的方式、潜心钻研、坚定不移，从而尽最大努力将他们开发成高才博学、具有远见卓识和强大创新力的综合性人才。所以在高校中，不管是思政教育还是学风建设，最终归结点均在于给人才开发提供服务，这两种活动存在相同的目的。就高校思政教育而言，应该遵从马克思主义理论的指引，联系有关学科的内容，从大学生观念变动的特征及变动规律出发，对他们开展相应的社会主义"三观"教育。就高校学风而言，教师及学生在长时间的教育经历中所产生的学风，主要涵盖了四种内容：其一为治学目标，其二为治学态度，其三为治学方式，其四为治学精神。

当下，从高校学风建设来看，其中尚有一些不利的方面以及棘手的难题。尽管如此，高校思政教育从业者也不应该被困难吓退，而应该勇往直前并且开展有针对性的举措，以大力加强学风建设活动。

第一，通过大学精神的作用来推动学风建设。不管在哪个阶段，大学精神都能够给大学带来强大的力量。对于学校来说，历经数十年甚至数百年所沉淀下来的校风校训，是它们的灵魂，是打造良好校园的关键精神支持。在开展思政教育工作的时候，应该全面发掘、利用校风校训之中潜藏着的大学精神，以此来鼓励、指引师生对奉献社会、团结友爱等思想进行实践，推动学风建设的稳步前进。

第二，利用道德教育的作用，促使良好学风产生。《论语·为政》指出："道之以德，齐之以礼，有耻且格。"在开展学风建设方面，教师应该保持较高的道德修养，以此来带动学生，切实达到"桃李不言，下自成蹊"的状态，通过令人敬佩的师德师风来对学生产生积极的作用，进而完成师生两者的共同进步。对于高校思政教育从业者来说，应该利用有针对性的举措来全面获知学生的思想状况，比如说可利用调研、交流会等，给学生指明正确的思想方向，强化他们对竞争的认识，促使他们将社会责任切实担负起来，激起他们对学习的热情。

第三，用科学手段加速创建良好学风。

首先，强化学习兴趣。对于学生来说，在学业方面最为关键的一点就是兴趣，并且这也是打造良好学风的条件。教师应该时常激励学生，把学业转变成学生的兴趣，转变成学生生活中不可缺少的内容；对学生的学习兴趣进行强化，尽力帮助他们树立正确的价值观。

其次，端正学习态度。我们都知道，"非学无以广才，非学无以明识，非学无以立德"。就学校而言，应该让学生深刻意识到学业的关键意义，避免他们产生形式主义的想法，也避免他们以功利的视角来看待学业，集中力量处理厌烦学业、懒惰等情况，营造出奋发向上、积极学习的氛围。

再次，优化学习方式。就像古人所说的，"学而不思则罔"。在学习方式方面，应持续探寻新的途径，把学习转变成一项持续提升的活动，对学习方式充分践行并且做出优化，争取达到一举多得的目的。

最后，通过校园文化来发展优良学风。通常而言，校园文化涵盖的内容十分丰富，比如精神风貌、价值取向及办学特点等。对于学校来说，应该时常组织一些活动，如文艺节、体育节及科技节等，尽力增强校园文化的文艺气息，强化校园文化的科学技术氛围，不单单让学生获得优良的人文素养，也让他们形成较好的科学素养。师生应该热情参与到相关活动中，为校园文化的构建献出力量，强化学术气氛，提倡达到较高的道德水平，进而将校园文化在推进优良学风创建方面的效用全面展现出来。

第四，将大学生诚信品德教育和学术诚信关联起来。在传统道德范围中，最为关键的标准之一就是诚实信用，这也是所有其他道德要求的根基。《关于切实加强和改进高等学校学风建设的实施意见》（教字〔2011〕1 号）的有关内容指明，对学术诚信教育进行强化，形成优良的学术气息，是学风创建中的一个主要部分。对于高校来说，针对本科及专科生，应该时常组织一些和科学伦理有关的讲座；针对研究生，应该时常推广相关的学术要求；针对教师及行政人员，应该在对这些人的培训中着重引进科学道德的内容。总而言之，应该通过各种举措持续加大学术诚信教育的力度。以哈尔滨工程大学为例，其从学术诚信教育的方向切入，多种举措并用，最终形成了一种较为完善的诚信教育架构。

认可和适应：诚信教育是一种体系，各方面都有着紧密的关联，应该从学生容易接纳的地方入手。他们都明白学术造假是不对的，是不符合学术诚信的。基于此，以考试为契机，组织诚信考试活动，对考试风貌进行强化，令他们产生诚信考试的观念。

探究和发展：以交际、职业发展等学生较为注重的方面为中心，带领他们进行较为深刻的讨论，让他们逐渐对诚信产生强烈的诉求。

匹配和累积：在进行诚信教育的时候，应该向特殊人群投入更多的精力。以贫困生为例，可借助对他们进行经济资助的机会开展诚信教育；相关的感恩教育也应该同时推进，这样可让那些得到资助的学生向提供资助的主体发出感谢信，让他们适时地向提供资助的主体报告学习或生活情况。

定向和收获：利用以上提及的诚信教育，令学生切实意识到诚信的关键价值，意识到其是帮助自己和集体、自己和他人维持良好关系的基本道德要求，是推动市场经济前进的条件，是国家建设者所必须具备的素养。守信，就意味着坚守优良的品格。

不难发现，在强化大学生诚信教育的过程中，学术诚信教育的效用是非常令人满意的。实施学术诚信教育，促使大学生形成优良的学术习惯，有助于他们渐渐产生诚信的道德品格。

第五，把大学生行为养成教育和校风创建联系起来。对于学风构建来说，其重点部分之一就是优化教风。叶圣陶曾经指出，教师所具有的人格特性能够在无形中给学生带来直观的、深刻的作用，并且学术指导的成效也大部分取决于此。

此外，在学生的认知中，教师就是一个榜样、一个示范，其说话办事都能够给学生带来一定的影响。因此不管是在思想政治方面，还是在品德修养方面，又或者是在学识方面，教师均需要身体力行，只有这么做才可以切实率马以骥。不难发现，教师不单单要让学生懂得知识，也要让他们懂得为人处世的道理，教师应该形成优良的思想作风，以供学生效仿，给学生的发展指明方向。所以，高校教师应该恪尽职守、以德育人，将自身的示范效用全面展现出来。

第六，把大学生实现自我教育和校园文化活动联系起来。对于学校来说，其所具有的校园文化气氛就是学风。校园文化活动，从一定角度来看就是学生的一种课堂活动，其中涉及体育、文艺及科技等很多方面的内容。在学风创建方面，校园文化活动实际上就是一种平台。不管是何种校园文化活动，都应该仔细筹划、认真对待，吸引学生大范围地加入进来，让他们在感受到自身价值的同时，渐渐优化自己的言行举止，充分利用自我管理意识，进而产生自我教育的成效。

最为重要的是，勾连"自主管理"与"自我实现"间的认知关系。学院应鼓励和组织学生加入管理中，激发他们的热情，比如说，让他们担任层长及楼长等，给他们强化自身管控能力的机会，在评比学习型寝室的过程中展现出示范效应。并且也尽力将班级导师及辅导员的效用展现出来，促使这两者进行更好的监督，切实达成宿舍学习管理的目的，利用监督来推动学生的进步，渐渐把关注点转移至学生的自我管控方面。此外，以个人的进步带动整体的进步，大力激起宿舍成员的学习热情，是打造学习型寝室的重中之重，应该采取相应的措施促使个人持续进步，以此来推进宿舍整体学风的好转。学院应开展高年级优秀寝室分享会、寝室互访等，使优秀寝室成员与低年级学生就学习、工作、生活等方方面面进行交流，通过树立学习典型，使低年级学生对寝室生活产生良好的愿景。与此同时，学院也应当重视学习标兵的示范作用。在创建学习型寝室的过程中，在每幢宿舍楼的宣传栏上对同年级的优秀个人，也就是通常所称的学习标兵的情况，做出大范围的推广，让他变成所有人的榜样，促使其他舍友向他看齐，即利用同辈的刺激来强化相关主体的竞争思想，让相关主体持续地对自己进行突破。

团队凝聚力与团队文化建设是自我实现的一个重要侧面。资源共享的寝室团队学习是以个体和集体的突破自身为条件的，它的目标在于利用不断的协调和磨合，形成寝室团队的一致方向，构建出更有利于人性发展的环境。在开展寝室团队学习活动时，哈尔滨工程大学的人文社会科学学院启动了寝室一期一会，进行每月一次的寝室成员沟通，让他们有机会说出自己的想法，共同讨论，在沟通中推动团队学习的进展，构建出学习共享体系，使每个成员都有机会得到充足的知识，进而发现学习的乐趣。在辅导员的指导下，在寝室内部，由寝室成员民主推选寝室长，并且由辅导员对寝室长进行寝室文化、寝室管理、安全教育等多方面的培训。在寝室长的指挥之下，所有成员一起设计针对自身寝室的相关规定、准则，以及学习型寝室建设方案，产生所有人一致认同的价值取向、行为标准及品德要求等。基于大家一致认可的观念，构建协作互助的宿舍气氛就变得较为简单了，每个人都会把宿舍当成自己的家，从心态方面会有一种较强的归属感，这样，宿舍就不单单是学习生活的地方，也是精神需求的载体。在舍友遇到难题的时候，每个人都会主动帮助他；在舍友遇到开心的事情时，大家都同样开心。换句话来说，就是同甘共苦的一种状态。支撑这种状态的基础是共赢，每个人彼此帮忙、共同提升。此外，学院还开展了针对寝室的文化活动，如开展较好的寝室文化节，有效地强化了成员的集体荣誉感，提升了他们的团队精神，促使他们实现了共同进步。

激励政策对于自我实现有着重要效用。学院提倡学习型寝室的创建，使用了一些激励政策，设置了相应金额的奖励金，在每个学期中都开展一次学习型寝室的评定，在学院学风表彰大会上对表现优异的寝室发放一定的奖金，并且和别的评选活动挂钩，以此来激起学生的热情。

第七，指引学生有目的地加入社会实践中，是高校推进学风创建、达到人才开发目的的有效方式。对于大学生来说，加入社会实践，可让他们对社会产生更多的认识，从而找到自己不足的地方，给自身素养的整体提升找到方向。在节假日，高校可以此为契机，指引学生提供科技咨询、为企业处理一些问题等，促使他们加入社会实践中，让他们从实践中有所收获，明确自身的缺陷所在，进而强化他们的学习动机。

无论如何，高校思政教育工作都不是一时一刻就能完成的，这必定是一个耗时较长的过程。在开展教育时，应将它和学风创建联系起来，使两者能够彼此协助，最终达到育人的终极目的。

总而言之，开展思政教育的最终目的就是育人，而学风创建能够为育人提供极大的支持。只有将思政教育和高校学风创建较好地联系起来，才可以切实将"以人为本"践行到位，让学生明白怎样做学问、怎样做人，从而提升他们的综合素养。

（三）援用民族文化的宝贵资源

在微观层面上，从民族学研究的角度来看，民族或民族身份是人类社会最突出的身份特点中的一个。不管是谁，均存在民族身份，均是特定民族人群中的一个。可以说，无论个体所开展的是何种实践活动，均存在民族的烙印，而且因为民族从实质来看属于社会文化群体中的一类，所以存在的烙印也必定是文化的烙印。由此可知，就高校而言，其校园文化的发展历程必然会有所有成员的民族文化痕迹。

在研究民族文化对校园文化的影响及作用时，从宏观的视角来看，关键点在于应该把这个问题放在社会历程的整个架构中来思考。整体看来，民族和社会在发展变动方面是存在一致性的。此外，民族的发展也存在着特殊的演变方式及规律。基于上述前提，民族文化的内涵会得到较好的延展。也可以这样来理解，站在整个社会的历程的高度来看，民族文化不仅仅反映了民族在信仰、习俗及语言等各个方面的特性，还反映了一种以文化为内容的社会存在和社会的经济、政治等方面进行充分融合、交互及联动的演变历程。这样一来，民族文化给包含于社会文化中的大学校园文化带来作用的必然性，就在契合社会演变规律的视角上有了更为明晰的体现。

就国内高校而言，从 20 世纪 80 年代到现在，其在民族文化创建方面确实做出了一定的成绩，然而其中也凸显了许多问题。

首先，物质文化建设上的落后，制约了民族文化认同的有效表达。高校民族文化建设通常有着资金不够、思想过时等问题，这令文化创建遭遇了极大的阻力。例如，在对校园环境进行改善时，各种场所的分布没有办法满足集中设计的要求，往往缺少反映校园文化的景观等。

其次，精神文化建设流于形式，令民族文化的交流无法深化。该情况重点表现在如下两个层面：一是大学精神的创建，二是民族文化资源的开发、应用。其中前者是大学校园文化的核心，是所有成员在长时间的交互活动中沉淀下来的较为固定的价值取向及活动准则的集合，所以其存在强烈的凝聚力、协调力。对于具有少数民族特色或血液的高校，尤其是民族院校而言，对可以反映民族特性，也可以反映时代特性的大学精神的凝练，还仅是处于表层，故无法把其中的民族文化交流切实提高至一种真正的精神层面。此外，民族文化资源的开发应用大多情况下仅仅关注特定民族文化的外显，而没有对民族文化的实质进行深入认识，无法让相关主体的文化交流不再流于形式。

最后，制度文化建设固化，使得民族情感不能得到全面表达。在创建校园文化时，制度文化建设是必不可少的，但不能将其简单地看成制度管理。就民族院校而言，其中的少数民族大学生通常存在如下情况：一是文化基础并不好，二是自我管控力并不强。而学校仅是重视对他们进行制度限制，并未意识到应该利用特定文化气氛的构建来引导他们。

高校应从以下七个方面努力克服上述困难。

第一，在健全校园文化设施的同时，着重将民族氛围和时代特性联系起来。优质、有品位的物质媒介，不仅可以给校园文化的主体带来良好的气氛，还可以利用其浓厚的内涵来对这些主体进行指引，利用精神来激发他们，这一点可以说是创建校园物质文化的关键所在。因此，在对硬件进行改善的时候，应该把民族特性的表现和新观念加以融合，让民族文化从沉睡中醒过来。例如，可构建存在浓烈创意性、文艺性的民族文化展厅，利用展厅将不同民族的渊源、故事、习俗等方面展示出来，给师生提供平台来增加他们对各种民族文化的认识，并且对其中优良的部分进行学习。

第二，在规划本校教学架构的过程中，注重了解民族文化与研习一般知识的结合。之所以对高等教育进行变革，是为了更好地开发人才，但是在长时间的应试教育的作用之下，大部分的高校都把注意力集中在技能教育方面，而未注重被教育者的全面提升。所以，高校的各种活动都自发地向改善教学成效靠拢，校园文化也是如此，这使得长时间以来民族文化都未得到学生的重视，他们反而去追随社会文化领域某些备受批判的风潮。针对这种情况，若想对民族文化的交融进行强化，就需要民族院校将教育主旨集中到如下两点：其一为一般知识的讲授，其二为民族文化的推广。这对于构建出饱含民族文化元素的校园文化来说，是十分有意义的。

第三，对校园文化活动进行设计时，将大学流行风尚和民族节日特性联系起来。在高校中，学生通常活力十足，把显示独特性、反映风貌的元素引进各种校园文化活动中，对于这种现象，管理者不必过分苛责。从校园文化的整体创建的视角来看，应该全面发挥这些载体的作用，打造出更为广阔的平台，令那些蕴含着浓厚民族文化色彩的民族节日也有机会再次光彩四溢。

第四，对民族文化的继承进行合理的指引。民族文化的交流交融在对校园文化产生作用的时候，也会让自己获得一定的提升。对于师生来说，在为民族文化的交流交融献出力量的时候，也应该注重为民族文化增加新意。从民族文化的视角来看，这就相当于受到了校园文化的反作用，而于这个层次中所完成的交流交融则变成了民族文化的自我演变、提升，令民族文化的继承变得更易于实现。

第五，让民族院校的校园文化创建得到自我调整的机会及方式。民族文化属于文化形态的一种，校园文化也是如此，但这两个方面是有差异的。此外，不管是在方式方面，还是在内容方面，又或者是要义方面，都可以说是开拓的校园文化所创建的视野，给民族文化的交流交融提供了方向，令校园文化的创建得到了一些实用的方式，进而使相关工作能够有序开展。

第六，对文化强国战略进行响应。从我国开展文化强国战略开始，大到一座城市，小至一所学校，均在通过实际行动来大力践行这个倡导。这也赋予了高校更重的责任，它们需要为文化强国战略开发出足够的人才来，以确保目标的达成。因此可以这样说，校园文化及民族文化可以通过自适应的形式产生融合，在完成自我更新时，也给当下文化领域指明了方向。

第七，针对各民族学生特点因材施教。我们在强化民族认同统一性的同时，也要关注到异质性文化基因的存在。这意味着，不同族群的学生将天然地在认知方式、行为偏好等方面存在差异，而这些差异恰是决定采用何种教育方法开展学风建设工作的关键因素。我们认为，有必要针对不同民族学生的特殊性而因材施教。首先，充分了解不同民族的文化渊源与显著特色，只有掌握了塑造学生认知和行为图式的文化背景到底为何，才能有效地制定教育策略，实现"因材"的既定目标。其次，关注相应民族的文化禁忌，防止产生文化冲突及由此引发的教育阻抗。最后，着意观察各民族突出表现的民族性格和民族精神，这是各族群内部最为强大的"社会心理纽带"，也是教育者同少数民族学生建立情感的最佳路径。只有当少数民族学生感受到教育者正在以最大的善意和最大的尊重劝导己身时，他们才可能敞开心扉、虚心接纳。

（四）融合多种媒介的教育功能

当"互联网＋"成为一种话语方式，网络媒介作为新型信息递导方式的合法性地位也逐渐被肯定并且得到重视。由此"媒介融合"渐渐成为一种"路径依赖"。在思想意识形态领域，融媒较多的作为一种教育工具而被提起。利用多种媒介的"组合拳"，一种思想教育的"规模效应"呼之欲出：首先，高校可以利用多种媒介无死角地网罗各种信息，以便就不良校园文化和可能影响受教育者意识形态安全的负面信息进行实时删控；其次，高校可以利用多种媒介全方位地对接所有受众，并且借由媒介渠道同相关受众建立高效率的信息互联；最后，高校可以利用多种媒介引导乃至塑造受教育者的心性结构，矫治局部思想失范，进而使学风建设成为受教育者所认可的一种日常生活方式和存在状态，这也是以融媒为工具优化学风建设效果的最终目标所在。

第一，打造网络学习平台。通常而言，高校往往会购置规模庞大的文献资源，以充实它们的电子图书馆，学生可以利用网络找到所需资料。学会怎样利用电子图书馆，不单单是大学生的一种基础性能力，也是日后开展科研的一种必备技能。对学风建设来说，可打造若干质量较好的论坛或是贴吧，让学生能够随时随地得到辅导，提升学习成效；利用各种平台比如微信、微博等，将有关内容及时传达出去，教师也可以加入进来，这样其不单单能够获得教学反馈，也可以和学生维持良好的关系，让学习气氛变得更好。

第二，打造网络校园文化。通常来讲，优良的校园网络文化会产生一定的正面效应。因此高校可借助校园网络的力量，改善学生的思想觉悟，优化他们的价值取向，并适时地组织网络互动，给他们的择业等方面提供建议，将校园网打造成高校教育从业者的思想基地，打造成一种集综合管理、服务及学习于一身的健全系统。大学生往往更倾向于新鲜事物，而新媒体恰恰满足了他们这样的心态，高校可组织各种各样的网络文化活动。

第三，严把网络运用底线。与过去相比，大学生的生活出现了非常明显的改变——不是只有在网吧才可以上网，他们几乎都买了电脑。由于缺少监督，他们可能渐渐丧失自控力，长时间沉迷网络。相关统计数据显示，他们每天中大约有三个小时都泡在网上，熬夜上网的现象也屡见不鲜。所以，应该针对那些网瘾较重的学生进行一定限制，让他们从网络中解脱出来，比如可在他们中午休息的时候，以及在夜间十一点以后断网、断电，这样做，有助于避免他们在网络中消耗大量的时间，也能够让他们有较好的睡眠。除此之外，不管是校园网络服务机构，还是宿管办，又或者是辅导员，均需要实时地对寝室进行走访，查看学生的上网情况，干预沉迷于网络的学生，劝诫他们，尽最大努力协助他们摆脱网瘾，让他们养成科学的上网习惯。而且可协同学生父母，强化对学生的管控。各方面要共同发力，促使那些沉迷于网络的学生尽快从中脱离。如果有学生不服从上网准则的要求，应该对他们施加相应的惩戒。对于改善、强化学风来说，上述对策是十分有效的。

第四，树立学风培育的新媒体意识。伴随新媒体的发展，高校在教学方面遭遇了一些新的难题，相关教育从业者应该以良好的心态应对这种情况，迎合时代走向，迅速融入这种全新的媒介氛围中，形成新媒体意识。处于信息爆炸的环境中，学生得到知识的方式甚至比他们的教师还要多，所以高校的教育从业者应改变以往的教学理念，不再坚持灌输式教育，将新媒体的效用全面展现出来，强化师生间的互动，激起学生接触新知识的热情及自主性，让课上氛围更为活跃。

第五，提升学生的媒介素养。学生的媒介素养是其抵御腐朽文化、落后寝室文化，严守意识形态安全之防线的重要武器。学校在开展新媒体思想政治教育和建设学风塑造平台的同时，应更加注重培养学生的媒介素养。

参考文献

[1] 习近平.决胜全面建成小康社会 夺取新时代中国特色社会主义伟大胜利:在中国共产党第十九次全国代表大会上的报告 [M].北京:人民出版社,2017.

[2] 刘芸.论创业文化与大学生创业教育 [J].科技创业月刊,2016,29(15):2.

[3] 刘德才.校园文化建设与大学生全面发展 [M].北京:中国时代经济出版社,2014.

[4] 杜世卫.大学文化建设的探索与实践 [M].北京:中央文献出版社,2013.

[5] 杨超,王明静,杨川.浅析高校学术文化建设中的问题及措施 [J].高教论坛,2015(1):1.

[6] 黎野,刚家斌,李诺枫.高校思想政治教育与校园文化建设研究 [M].北京:九州出版社,2015.

[7] 纪超香.校园体育文化构建与课程设置 [M].北京:中国纺织出版社,2017.

[8] 任莉英.校园体育文化理论及管理策略探析 [M].北京:中国原子能出版社,2016.

[9] 徐长川.校园体育文化环境概论 [M].沈阳:白山出版社,2015.

[10] 陈岩.校园体育文化与体质健康构建:大学生体育与健康教程 [M].北京:人民体育出版社,2015.

[11] 仝媚媚,闫严,丁雨.当代大学校园体育文化研究 [M].北京:光明日报出版社,2014.

[12] 王传友.网络时代高校校园体育文化建设的思考 [J].体育科技文献通报,2016,24(3):3.

[13] 杨剑桥,孙健,党波.校园球类运动文化培养与实用教学指导 [M].北京:中

国书籍出版社，2016.

[14] 孟国正，赵俊华，刘东起．大众休闲体育理论与实践指导 [M].北京：中国水利水电出版社，2016.

[15] 健身健美运动教程编写组．健身健美运动教程 [M].北京：北京体育大学出版社，2016.

[16] 朱福军．时尚健身健美运动大众化发展的路径构建 [M].北京：光明日报出版社，2015.

[17] 苏宝明，史春波．健身与健美运动 [M].天津：天津教育出版社，2014.

[18] 曲红军．现代健身健美运动理论与实践指导 [M].北京：中国书籍出版社，2014.

[19] 张志华．我国高校竞技体育人才培养的理论与实践研究 [M].北京：化学工业出版社，2015.

[20] 陈晓梅．民族传统体育文化的弘扬与典型项目教学指导 [M].北京：中国水利水电出版社，2016.

[21] 舒云久．大学体育民族传统体育类 [M].北京：高等教育出版社，2016.

[22] 刘世海．民族传统体育教学与推广研究 [M].北京：光明日报出版社，2015.

[23] 刘海燕．基于学生道德成长的校园文化建设 [J].教育理论与实践，2017，37（35）：2.

[24] 李建华．如何理解美好生活 [J].中国地质大学学报（社会科学版），2017，17（6）：1-2.

[25] 檀传宝．劳动教育的本质在于培养劳动价值观 [J].人民教育，2017（9）：45-48.

[26] 陆凯，杨连生．以文化人视域下高校学生社团文化育人机制研究 [J].思想教育研究，2017（9）：4.

[27] 马平均，胡新保．社会主义核心价值观融入大学校园文化建设的几点思考 [J].思想教育研究，2017（1）：4.